如何让企业实现跳跃式成长

商业模式
基因重组

开启商业生态从0到1的裂变

陆建东◎著

民主与建设出版社
·北京·

©民主与建设出版社，2019

图书在版编目（CIP）数据

商业模式基因重组 / 陆建东著. -- 北京 : 民主与
建设出版社, 2019.8
ISBN 978-7-5139-2573-0

Ⅰ.①商… Ⅱ.①陆… Ⅲ.①商业模式—研究 Ⅳ.
①F71

中国版本图书馆CIP数据核字（2019）第160075号

商业模式基因重组
SHANGYE MOSHI JIYIN CHONGZU

出 版 人	李声笑
著 者	陆建东
责任编辑	程 旭
封面设计	蔡小波
出版发行	民主与建设出版社有限责任公司
电 话	（010）59417747　59419778
社 址	北京市海淀区西三环中路10号望海楼E座7层
邮 编	100142
印 刷	固安县保利达印务有限公司
版 次	2019年10月第1版
印 次	2019年10月第1次印刷
开 本	710毫米×960毫米　　1/16
印 张	15
字 数	204千字
书 号	ISBN 978-7-5139-2573-0
定 价	52.80元

注：如有印、装质量问题，请与出版社联系。

前言　超级物种必有超级模式

在距今约5.3亿年前的寒武纪，地球上突然井喷式地涌现出各种各样的物种。节肢、腕足、蠕形、脊索、鱼类等一系列与现代动物形态基本相同的动物，不约而同地诞生，它们发展迅猛，呈现出一派古生物繁荣气象。根据科学家研究发现，目前存在的很多生物都是延续寒武纪已经诞生的生动模样筛选而来。

物竞天择，适者生存。而从寒武纪生物物种大爆发中一直存在至今的物种，无论外界环境如何变化，其自身都有着独特的适应环境的能力，并在地球环境变化的历程中，不断进行基因重组、改良与进化。

商业领域又何尝不是如此。随着商业文明以及社会人文的发展，在新的技术、人文环境与消费需求持续升级的碰撞中，大量的商业新物种应运而生。近100年左右，商业历史上已经发生过三次物种大爆炸，而如今第四次物种大爆炸正在进行中。

第一次物种大爆炸为电气物种大爆炸，电力技术的发展与应用，使得工业得到了史无前例的发展壮大，代表物种为汽车、电灯等；第二次物种大爆炸为信息物种大爆炸，以计算机和互联网技术为依托，电子商务、电子游戏、电脑、数码相机、远程办公等领域出现了一大批新物种，诸如早期的微软与阿里巴巴；第三次物种大爆炸为连接物种大爆炸，此时，微信、QQ、Facebook、支付宝、滴滴和美团点评等物种，重构了人类的生活、交际、工作、学习等方方面面，大大提升了信息的传播效率；第四次物种大爆炸为大数据以及智能技术下的物种大爆炸，无人驾驶、无人机、新零售等正在深入影响目前的物种格局。

诞生于这几次物种大爆炸中，或者说在这几次物种大爆炸之前就已经出现的企业或公司，可以说不计其数。这些商业物种有的能够一直发展壮大，比如，沃尔玛、可口可乐、丰田汽车、苹果、阿里巴巴、京东，等等；但有的却走向没落，甚至消失得无影无踪，比如柯达、诺基亚、摩托罗拉……

那么，那些一直存活、发展的超级物种，凭什么能够一步步完成基因的进化，以适应甚至影响商业生态系统或生态圈？

超级物种必有超级模式。可以说，每一个能够生存、发展、进化、升级、不断崛起的企业，都有着自己独特的、创造性的商业模式。

苹果曾一度濒临绝境。1997年乔布斯回归苹果时，苹果市值仅为40亿美元，之后，苹果迅速崛起，到2010年7月时，苹果市值达到2 350亿美元。苹果的成功，很大程度上在于创始人乔布斯创新了苹果的商业模式，即整合全球资源，通过借助其他公司的研发设计能力，以及生产制造外包的策略，提升核心产品创新能力，从而在核心技术与营销方面保持领先地位。

Airbnb没有任何楼宇资产，它却成为全球提供的房间数量最多的公司。十年时间，它从一家小小的公司成长为超级独角兽，不得不说，这归功于它颠覆式的创新商业模式。Airbnb秉承"使每一个人在每一个地方获得归属感"的理念，充分挖掘、利用闲置资源，它以颠覆人们认知与价值的方式发展民宿，成为全球共享经济的鼻祖。

滴滴App在刚推出的时候，网约车行业的环境是整个行业都在通过烧钱补贴抢占市场与用户。在残酷的市场环境中，滴滴以大数据以及潮汐原理为基础，并借助腾讯巨头的赋能，整合了社会上的专业运力和零散运力，通过分档运营的模式迎来了爆发式增长，迅速成长为超级物种中的独角麒麟。

阿里巴巴以电子商务起家，如今，阿里巴巴显然已经成为一个商业生态圈。阿里巴巴的商业模式是典型的高维度赋能商业模式。阿里巴巴通过赋能生态而不断推进企业基因重组与进化，阿里妈妈、阿里云、蚂蚁金服、菜鸟物流等相当于整个生态系统中的土壤、空气、水等基础资源，赋能于整个商业生态。

强大的商业模式是企业成为超级物种的基石，是企业基业得以长青的根本。可以说，如今一家企业的未来与命运，越来越取决于它的商业模式。

在这个充满不确定因素的时代，商业规则风云变幻，新的商业模式与商业业态层出不穷，旧有的商业模式也在不断进化中脱胎换骨，涅槃重生。企业要想完成基因的不断进化升级，成为超级物种，就必须找到最为适合的商业模式，并且持续改进、创新、升级商业模式，不断拓展商业模式的边界与生态，以商业模式制定、改变商业游戏规则。

目　录

contents

第一章

洞见：未来商业模式的逻辑

在工业4.0时代，商业环境急剧变化，传统的商业模式正在被颠覆。一家企业的未来越来越依赖于创新型商业模式。谷歌、微软、苹果等几乎所有的大企业，之所以屹立不倒，甚至能改变行业游戏规则，关键在于其对商业模式的不断创新与颠覆。商业模式的创新逻辑可以说是传统企业返老还童，新型企业布局破冰，初创企业找到风口的最大秘密武器。

1.1　商业模式基本面

亚马逊从一家网上书店起家，如今成为全球零售商巨头；吉列公司的盈利模式被无数企业模仿，却从未被超越；小米从每部手机只赚一元钱起步，征服了全球大批的粉丝，成功上市……这些企业的竞争优势是什么？又是什么使他们完成了从0到1的商业发展布局？

这要归功于他们的商业模式。对的模式能让企业扶摇直上、基业长青；而错的模式则会让企业寸步难行、折戟沉沙。

商业模式这个概念最早出现于20世纪50年代，直到20世纪90年代，它才被广泛应用与传播。关于商业模式的定义是比较宽泛的，并没有统一标准，关于商业模式的解读大致为：企业的商业模式是企业创造价值的核心逻辑，价值的内涵不仅仅是指创造利润，还包括为客户、员工、股东、合作伙伴提供价值。商业模式在这种核心逻辑下，整合企业运行的内外要素，形成一个完整而高效的、具备独特核心竞争力的运行系统，实现企业的竞争力与可持续发展。一家企业的商业模式并不是一成不变的，随着社会、经济、科技的发展，企业的资源、行业地位发生变化时，商业模式也会不断进行更新迭代。

可以说，强大的商业模式永远是企业成功的基石。在智能时代，公司的竞争优势将不再基于创新型产品和工艺流程，而是基于创新型商业模式。它具备这样三种特征（见图1-1）：

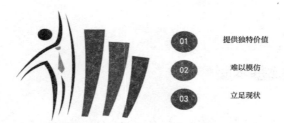

图1-1　成功的创新型商业模式的典型特征

（1）提供独特价值。成功的商业模式所提供的独特价值是多样化的，可以是向客户提供独特的思想、额外的价值、更多的利益等。

（2）难以模仿。企业的商业模式是与众不同的，模仿的门槛高，盈利模式很难被抄袭，即便被抄袭了，对方也很难依靠同样的模式成功。比如，直销这种商业模式很泛滥，但戴尔的直销模式却难以复制，其背后在于戴尔有一套完整的、难以被复制的管理流程与资源体系。

（3）立足现状。企业足够了解自己的产品模式、服务标准、资金结构、融资方式、管理模式等，能够立足企业的现状，脚踏实地，为企业自身赋能的同时，也能赋能消费者、合作伙伴、融资者等群体。

1.1.1　商业模式九要素

瑞士商业模式创新领域专家亚历山大·奥斯特瓦德提出了商业模式画布的理论，他提出了商业模式的九大要素。万变不离其宗，企业的商业模式不管怎样创新、裂变，都是围绕着这九个要素来运行的（见图1-2）：

图1-2　商业模式九要素模型

（1）价值主张。企业通过其产品和服务向目标客户群体提供价值。价值主张确认了公司对消费者的实用意义，解决了客户的问题或满足了其需求。价值主张的核心有四个，即：

我们为用户创造了什么价值；

我们要传递什么样的价值；

我们要满足客户什么样的需求；

我们为客户提供什么样的产品和服务组合。

（2）消费者目标群。企业要明确为哪些群体提供服务，帮助哪些群体解决问题，哪些群体会成为企业产品和服务的忠实客户群。企业对客户进行细分遵循以下五个条件：

客户产生的利润有明显区别；

客户的需求催生了新的供给；

需要建立新的营销渠道；

需要建立一种新的客户关系；

客户会为企业产品或服务的改进买单。

（3）渠道通路。即公司用来接触并与目标客户群产生联系、开拓市场的各种途径。从类型上来说，渠道可分为企业自有渠道以及合作方渠道。无论是哪一种渠道，都要经历以下五个阶段：

扩大产品及服务知名度；

帮助客户评价价值主张；

客户通过什么样的方式购买产品与服务；

产品或服务向客户传递的是什么样的价值主张；

如何向客户提供售后支持。

（4）客户关系。即公司同其消费者群体之间所建立的联系。当消费者使用了企业的产品与服务后，企业需要更多考虑以下四个方面：

如何开发新客户，留住原有客户；

如何使用户经常使用产品与服务；

如何变用户为粉丝，使他们愿意持续买单；

收入来源。

（5）价值配置。即资源和活动的配置。通过对企业自身所拥有的技术、系统、人才、知识等资源的整合，保证企业所有的模块能够正常运转。比如，腾讯核心资源为一流的人才、合作进取的价值观、常年积累的用户关系链、技术架构、稳定的产品与运营等。

（6）成本结构。指运营一个商业模式过程中所发生的重要的成本总和。无论是维护客户关系，还是传递价值、创造收益等，都会产生成本。比如，对于一家游戏公司来说，工资成本、服务器运维成本、推广渠道成本、新人培训成本、税收成本、租金物业装修水电费成本、电脑打印机等硬件成本、与合作伙伴的分成成本等，都是必须要考虑的事情。因此，在这个过程中，如何以低成本结构运营成了商业模式中必然要重点考虑的问题。

（7）合作伙伴。合作伙伴是保证一个商业模式顺利运行所需要的供应商和合作伙伴网络。企业通过联盟或优化自身的商业模式来降低风险，获得资源。企业与合作伙伴的合作方式可分为以下四种：

非竞争对手之间的战略联盟；

竞争者之间的战略合作；

筹建新业务合作公司；

与供应商和采购商之间建立可靠的供应关系。

（8）关键业务。每一种商业模式都需要一系列关键业务。同核心资源一样，关键业务是为企业创造、提供价值主张，维护客户关系，以及使企业获得一定的收益所必需的业务。在不同的商业模式中，关键业务的类型也是不同的。比如，对于麦肯锡来说，关键业务是为客户提供解决方案。

（9）收入来源。无论是构建什么样的商业模式，最终的目的还是盈利。商业模式收益来源多分为两种不同类型：第一，由客户一次性支付的交易收入；第二，由向客户传递新价值增长或售后支持而获取的持续收入，比如海底捞将产品与服务做到极致，并以此获取持续收入。

1.1.2 商业模式的五重境界

美国高原资本的合伙人希金斯在评价商业模式时说："回顾我们公司的发展，我们认为每次失败都归于技术，每次成功都归于商业模式。"事实上，企业在构建商业模式模型时，需要从六个不同的维度来对商业模式进行思考、重构（见图1-3）：

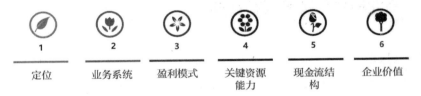

1	2	3	4	5	6
定位	业务系统	盈利模式	关键资源能力	现金流结构	企业价值

图1-3 构建商业模式的六个维度

定位：企业以何种方式来满足客户需求。业务系统：企业对其内部或外部的利益相关者的选择问题。盈利模式：以利益相关者划分的收支来源以及相应的收支方式。关键资源能力：企业以哪些重要的资源和能力来支撑发展与创新。现金流结构：企业现金流流入结构、现金流流出结构，以及相应的现金流的形态。企业价值：对于上市公司而言，最为直接的表现就是股票市值。

这六个维度的任一因素发生变动，都会裂变出新的商业模式，因为这种无数新组合的可能性，就为商业模式创新提供了更多的可能。商业模式专家魏炜教授认为：根据商业模式组合的形式，可将商业模式升级裂变为五重境界。

第一重境界：换汤不换药的老产品与老模式。企业调整了战略、管理与渠道，目标在于区别于竞争对手的产品与服务。这是最低级的商业模式革新，也是最缺乏创意的。

第二重境界：产品没有进行创新，但商业模式创新了，创造出的价值跟以往不一样了。

第三重境界：用新的商业模式，运作新的产品。

第四重境界：先设计一个模式，然后根据这个模式，创造出与之匹配的产品。

第五重境界：卖产品给利益相关者，并为利益相关者设计商业模式。这些利益相关者包括客户、合作伙伴、用户甚至是竞争对手等。

1.2　商业模式与技术创新共舞

曾经风光无限的手机业巨头诺基亚，为什么短短两三年时间就突然陨落？曾经的芯片业霸主英特尔为什么在移动芯片领域的份额几乎为零？为什么接连不断地有一些看上去领先世界的大企业会逐渐被一些曾经默默无闻的小企业取代？

颠覆式创新之父、哈佛大学教授克里斯坦森说："反复的事实让我们看到，那些由于新的消费供给范式的出现而'亡'的公司企业，本应该对颠覆性技术有所预见，但却无动于衷，直至为时已晚。只专注于他们认为该做的事情，如服务于最有利可图的顾客，聚焦边际利润最诱人的产品项目，那些大公司的领导者一直在走一条持续创新的道路，而恰是这一经营路线，为颠覆性新技术埋葬他们敞开了大门。"

事实上，一些大企业是非常重视商业模式的，并且他们像克里斯坦森教授所说，会因为新的消费方式、消费理念而研究新的商业模式。可是这些公司在一味地专注于商业模式的时候，却忽略了产品技术的创新。还有的情况是虽然重视技术创新，但却使用了与技术创新不匹配的商业模式。

商业模式创新和技术创新两者之间的关系，就如同在问"先有鸡后有蛋，还是先有蛋后有鸡"。一种具有颠覆性的新产品技术诞生时，将其搭配不同的商业模式来运作，会产生截然不同的结果。这其中，一定有一种商业模式是能与这种新的颠覆性技术所匹配的，而这两者密切结合，才会互相成就，使企业价值最大限度地变现。同样，一种具有颠覆式的新的商业模式诞生时，要想发挥出它的最大价值，就必须要有一定的产品技术进行支撑，否则也容易前功尽弃。也可以这么说，好的商业模式在一定程度上可以引领颠覆式技术的研发方向与发展趋势。另外，如果能赋予利益相关者好的商业模式以推动技术创新，双方就能达成双赢的结局。

下面，关于如何更好地实现商业模式与技术创新共舞的问题，我们从这三方面详细展开。

1.2.1　为技术创新构建匹配的商业模式

20世纪50年代中期，在美国市场上，复印机行业典型的商业模式就是"剃须刀—刀片"模式，即复印机利润很低，而盈利的主要来源是持续销售和复印机相关的纸张、硒鼓等一些耗材和配件。

当时，复印机行业的技术主要为光影湿法和热干法。但是，随着"静电复印术"的发明，复印机行业的Haloid公司找柯达、通用电气和IBM寻求合作，想将这项技术运用于复印机行业。柯达、通用电气和IBM经过研究后发现，如果将这项技术应用在复印机行业，仅仅是生产成本就已经达到了2 000美元，而当时的复印机行业，一台普通的复印机售价为300美元。他们综合考虑成本与营销因素，认为这项技术可操作性差，无任何市场前景可言。

但Haloid并没有放弃使用这项技术，最终，他们运用此技术制造出了世界上第一台普通纸复印机——Xerox914型复印机。由于当时的价格是消费者难以接受的，因此，Haloid采取了与此技术相匹配的创新商业模式——租赁型商业模式。后来，Haloid公司改名为施乐（Xerox）。施乐年收入迅猛增长，1955年，年收入为2 100万美元，而到了1972年，年收入增加至25亿美元。

同样是施乐，在20世纪80年代初，电脑技术没有图形界面，还处于命令阶段时，施乐公司远离总部3 000多英里的一个小团队，当时已经开发出了图形界面"施乐PARC"。但是，施乐上层并没有意识到这项技术的重要性，他们对这项技术不够重视。但苹果的乔布斯去施乐参观施乐图形界面时，发掘了这项高端技术的真正价值。乔布斯仅仅是看到"视窗"演示了一分钟后，就兴奋地跳起来，惊叹道："你们为什么不应用这些技术开发产品呢？这真是最了不起的东西！这就是技术革命！"

最终的结果，大家都知道了。这项技术并没有成就施乐，苹果和微软反而成了这项技术的最大受益者，且依靠这项技术声名鹊起，成就了各自的霸主地位。

为什么施乐两次都走在了技术革命的前沿，而两次的结果却迥然不同？我们且从施乐的发展历程中来分析。

施乐在第一次取得技术创新时，领导层已经意识到这项技术的重要性，施乐对商业模式进行了创新，使商业模式匹配技术，两者相辅相成，发挥出巨大的商业威力。

在第二次技术创新面前，一方面，施乐的领导层缺乏战略眼光，没有看到这项技术的巨大威力；另一方面，施乐的领导层并没有找到与这项新技术相匹配的创新型商业模式。这使得施乐"空有一身本领，却无用武之地"。

成功的企业，无一不是对技术创新做出了积极回应。我们可以对比苹果和佳能在产品方面的决策。苹果的模式为"Product + iTunes + App Store"，全面创新产品、技术与商业模式，之后再合三为一，创造超级模式。而佳能推出的小型复印机产品模式，采取的是一种旧有的模式，即"剃须刀—刀片"模式，虽然模式很旧，但与新推出的产品技术相匹配，却相得益彰。

企业在为新的技术创新选择恰当的商业模式时，不管是全新的商业模式，还是已有的旧的商业模式，这本身并不是最重要的，关键是要选择一种超过其机会成本的、容易实现的，同时又能赋予企业和技术以价值的商业模式。

1.2.2　技术创新为商业模式赋能

一种新的商业模式的诞生，可能会在短暂时间内引发一次迅猛增长，但是，如果这种创新的商业模式门槛很低，容易被替换，是很难持续发挥其效力的。在很大程度上，这种商业模式如烟花一样，不能长久。

任何商业模式，要想获得持续发展的势能并能够持续升级迭代，都需要一定的技术创新来进行赋能。技术创新能不断提升商业模式的门槛，顶尖的技术创新还能使商业模式一直占据稀缺资源的优势，很难被模仿、超越。

我们以团购行业为例，在我国，团购行业曾经风靡一时，截至2013年上半年，全国团购网站累计共6 218家。其中，较为有名的有美团网、拉手网、窝窝网、满座网等。这些如雨后春笋般出现的团购网站，在不久之后，纷纷出现不同程度的亏损。美团是这场团购潮厮杀之后的胜利者。在这场千团大战中，美团为什么会脱颖而出，独占鳌头？

可以说，这里最重要的原因就是技术创新。当时，美团与拉手网、窝窝网相比较，从员工数量、分站数量、广告投放力度、融资规模等方面来看，美团并不占据绝对优势。美团与糯米网、58团等相比，也没有背靠大树的流量支持。但美团的优势在于，他们将搞人海战术的时间和精力用来埋头做IT后台。美团利用科学精密算法计算每一笔投入产出，加快商家供给，较早发力于移动端。美团的智能调度系统能根据配送员的实时位置进行订单的最优匹配，每天最高时段可执行29亿次路径规划算法，并能在平均55.2毫秒内计算出97%的最优配送路线。

事实上，对于技术创新的追求，美团从未停止过。至今，美团点评人都一直坚信："技术是公司的基础，亦是优势的关键组成部分。"美团利用标准化的核心基础设施环境、SOA 基础设施，以及人工智能及深度学习等技术，开发了系列创新系统及产品，如实时智能调度系统、无人驾驶配送车等。

美团以一系列强大的技术创新为商业模式保驾护航，支撑起商业模式的不断创新、迭代、升级。

1.2.3　与利益相关者共赢

在多数情况下，企业仅仅做到自身的商业模式与技术创新共舞，显然是不够的。企业也有一系列的利益相关者，这些利益相关者大致包括供应商、广告商、经销商、加工商、厂商、零售商等。

企业如果仅仅为其利益相关者提供产品、原料或某些服务，则很难帮其解决实际问题，双方难以形成一个互相成就的良性循环圈。如果企业为利益相关者设计商业模式，并以新的技术赋能利益相关者，双方很容易就能达成一种共赢的、可持续发展的局面。

我们以IBM的知识集成为例。IBM为不同的合作伙伴设计了不同的商业模式，以不同的组件集合来拉动它们对IBM硬件、软件和服务的需求。这种赋能利益相关者商业模式的创新，引领IBM在软件、硬件、服务等各领域不断进行技术创新，使IBM获得了持续发展的强大竞争力。

企业在对利益相关者赋能商业模式与技术创新时，可以根据权力/利益矩阵确立企业与利益相关者的关系和策略，确立企业关注点在于哪些利益相关者（见图1-4）：

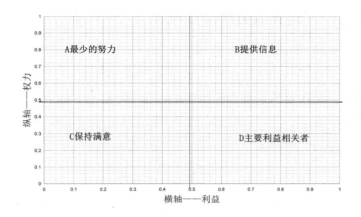

图1-4　细分市场矩阵

在这个细分市场矩阵中，纵方向表示权力，下面高，上面低。横方向表示利益，从左到右依次由低到高。在这个矩阵中，企业可以将所有的利益相关者进行归类，并标出这些利益相关者之间的关系。利用图标所示，看出风险与机会，识别出任何可能的变化。

在这个矩阵中很容易看出，最难应付的是D区的那些利益相关者，这些群体可以很好地支持或阻碍新战略，但是他们的观点却很难预测。其隐含的意思非常明显，在已建立一个不可改变的地位前一定要找到一种方法，来测试这些利益相关者对新战略的态度，在赋能商业模式与创新技术时有所侧重。

与之相反的是，细分市场C内的利益相关者，可以通过直接的商业模式与技术创新赋能来影响其战略，他们也很容易接受企业的战略决策。

在A和B矩阵里的利益相关者权力最小，但这并不意味着它们不重要，事实上，这些利益相关者积极支持本身，会在很大程度上影响权力大的利益相关者。

1.3   商业模式创新的五种基本类型

在移动终端、社交媒体、大数据、人工智能等科技的推动下，消费者的消费理念不断升级，旧有的商业模式会逐渐走向没落。再加上资本的推动，使得商业模式更迭加速，一个好的商业模式，用不了几年就得进行改变，与此同时，新的商业模式接连涌现。

当然，商业模式并不是经过创新就能活过来的，通常，一个好的商业模式具备这样一些特征：企业自身很强大，具备持续盈利能力；企业的利益相关者实力强大。在这两者都具备的情况下，商业模式创新最为根本的改变，是对于利益相关者、活动环节和资源能力的创新变革（见图1-5）：

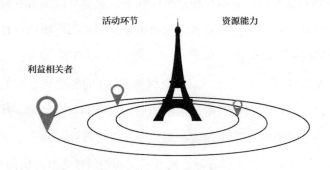

图1-5　商业模式创新基本点

（1）利益相关者。企业可以通过增加、减少、选择、改变、拆分、聚合利益相关者，来进行商业模式创新的变革。在商业模式变革创新中，尤其要关注"关键利益相关者"，即能使商业模式实现质的飞跃的一类人。

（2）活动环节。通过对渠道、链条、技术等进行切割重组、碎片组合、去中间化等方式驱动、改变某些环节，提升商业模式的运作效率与质量。

（3）资源能力。通过新的商业模式的运作，充分发挥企业相关资源的潜能，使其为企业创造更大价值。

成功的商业模式创新变革，一方面会助力企业盈利速度，带来指数级增长；另一方面，新的创新模式也会赋能旧有模式中的利益相关者，实现新的产品、服务、运营模式等方面的升级。

关于如何创新商业模式，建议可以参照下面讲到的5种最具代表性的商业模式的模型。实际上，每一次商业模式的创新，无不是在这种创新框架下的重新组合与颠覆。企业可以通过不断拆分、组合、创造出以下5种商业模式，裂变出全新的商业模式。

1.3.1　长尾商业模式

2004年，《连线》杂志主编克里斯·安德森在描述亚马逊与Netflix之类网站的商业和经济模式时，首次提出了"长尾"这一概念。克里斯认为：只要企业的存储和流通的渠道足够大，需求不旺或销量不佳的产品共同占据的市场份额就可以和那些数量不多的热卖品所占据的市场份额相匹敌。

战略管理学家菲利普·科斯特对长尾市场的定义为："更窄地确定某些群体，这是一个小市场并且它的需要没有被服务好，或者说'有获取利益的基础'。"

长尾商业模式的基本原理就是——聚沙成塔，创造市场规模。少量多种地销售自己的产品，提供相当多的小众产品，而其中每一种卖出去的量相对来说并不多。将这些小众产品的销售量汇总，所得收入与传统模式销售所得一样可观。

长尾商业模式与传统商业模式不同的是：长尾商业模式更注重消费者个性化的需求，善于激发消费者潜在的隐性需求。长尾商业模式要求低库存成本以及强大的平台来保证小众商品找到趣味相投的买家。

谷歌的成长历程就是一个将广告商长尾商业化的过程。谷歌大大降低了广告的门槛。在谷歌平台上，一些以前从未打过广告的小企业或个人，都可以得到资助甚至廉价的广告机会。另外，谷歌为成千上万的网络站点或小规模商业网站投放广告，它将此视为举手之劳。

可以说，谷歌就是一个巨大的长尾广告市场，而这些难以计数的企业或个人媒体也成就了谷歌一半的生意。至今，谷歌的长尾继续延长到多长，很难预料。

1.3.2　分拆商业模式

一般来说，企业从事的活动可分为客户关系管理、新产品开发和基础设施管理这三种类型。每一类型在经济、文化、竞争力这三方面来说，都存在一些不同之处。在理想情况下，这三种类型的企业活动可共同存在于一个企业实体中，彼此之间尽可能避免冲突，避免造成此消彼长的局面。

分拆商业模式是将冲突或者大幅消长的业务活动类型从一种商业模式中分拆出来，使其各自独立、分离（见表1–1）：

表1–1　　　　　　　　　　分拆商业模式模型

	产品开发	客户关系管理	基础设施管理
经济规则	在市场早期快速进入，获得高溢价和较多的市场份额	以范围经济介入，从客户手中获取高份额	扩大生产规模引发经济效益增加
文化规则	重视创意，以员工为中心	以"用户第一"为导向	实施标准化、可预期、提效等聚焦举措
竞争规则	进入门槛低，靠能力制胜	少量的企业会主导市场	市场迅速固化，少量企业起主导作用

以移动通信行业的拆分模式为例，法国电信、沃丰达等通信企业已经把网络运营维护的业务外包给诸如爱立信、西门子等设备生产商。这些设备生产商因能为多个运营商提供服务，从而可以做到更低成本运营网络，并享受规模经济的收益。

当移动通信行业削减掉基础设施管理后，通信行业的运营商能够聚焦于品牌管理，更专注于客户，这使得公司核心竞争力大大提升。从另一个角度来说，这些运营商有更多的精力思考企业转型，他们吸引大量的人才，开始构建小而有活力的组织，与更多的第三方合作，保证技术、服务、媒体的不断创新、更迭。

1.3.3　免费商业模式

美国著名的互联网杂志总编克里斯·安德森在2009年出版的著作《免费》一书中，首次提出了免费经济的概念。在移动互联网时代，免费商业模式是最为普遍的创新商业模式。

免费商业模式与传统商业模式相比，具备以下优势：

（1）快速获得跟目标用户接触的机会，抓住用户的注意力；

（2）降低了与用户沟通时的阻力，消解了用户的抗拒、抵触行为；

（3）获得了更广阔的后端，使企业有了更多的筹码整合资源，延伸商业利润链；

（4）通过前期大量的用户基数，再加上完善自动转化机制，使做生意越来越简单。

360的成功可以说是得益于免费的商业模式。周鸿祎说："如果你能够有一种免费的商业模式，它就是世界上最好的营销模式，因为不需要花很多广告去做推广，本身就能形成口碑。"2006年，360在运营中就有了"基础服务应当免费"这一理念。

当时，很多杀毒厂商看不懂360的运营模式，他们实在想不透，360如何将免费进行到底。而这想不透，也恰恰给了360发展机遇。2010年开始，大多数互联网用户都选用了360杀毒软件，此时，360又推出了360搜索，并通过互联网给网民进行推广就能挣到钱。到了2012年，360收入超过10亿元，用户数量达到4

亿人。360的免费商业模式创造了强大的用户价值和商业价值，已经颠覆了整个杀毒行业。

1.3.4 多边平台商业模式

自从阿里巴巴电商品牌崛起之后，由"唱戏"到"搭台"的多边平台商业模式开始崛起。所谓多边平台商业模式，即用平台将两个或更多独立但相互依存的客群链接在一起。多边平台的价值取向在于吸引用户数量，促进平台中其他客群互动而创造价值。可以说，多边平台商业模式盈利的本质，就是连接并促进多边利益相关者的正向反馈而实现盈利。

多边平台商业模式是目前所有商业模式中难度系数最大的，可以用铁人三项来形容多边平台商业模式（见图1-6）：

图1-6　多边平台商业模式的铁人三项

在多边平台商业模式的构建过程中，要想迅速脱颖而出，那就必须用信任基础、价值利益等要素为用户提供高效、贴心、完善的服务，不断加强用户依赖感，把用户养懒。

多边平台商业模式实际上是利用了万物互联的理论，即：无论是有生命的个体还是无生命的个体，其实都处于连接网络的一个节点上。在巨大的万物互联网中，每个节点自身又是可以无限拓展的，一个节点会演变为多个节点的网络平台。

以苹果的App Store为例。在苹果推出iPhone的App Store之后，苹果公司的商业模式明显倾向于多边平台商业模式，苹果公司的盈利领域开始真正扩展到增值服务。以iTunes为跳板，苹果实现靠硬件盈利到构建平台型商业模式的华丽转身。自从2007年iPhone上市以来，苹果的股价一路走高，在2012年年初突破5 000亿美元。可以说App Store是苹果公司发展史上重要的发明。

1.3.5　开放式商业模式

亨利·切萨布鲁夫最早提出了"开放式商业模式"的理论。他认为：在一个以发散知识为特征的世界里，组织可以通过外部知识、知识产权和产品整合等进行自身创新，从而更大地发挥组织的价值。他指出，对某些组织来说属于闲置的产品、技术、知识等，可以通过合资、剥离、许可等方式供给外来组织，实现变现。他还指出，组织应充分利用引入外来的理念、技术、知识等，来发展、完善、创新自身的商业流程。

在互联网时代，当企业的边界越来越模糊时，开放是企业进行商业模式创新所必备的战略。开放式商业模式则有助于企业通过与外在伙伴的合作共同创造价值。这种创造价值的方式主要有两种：企业内部尝试外来理念、资源"由外而内"的创新；企业向外部合作伙伴输出公司理念、资源"由内而外"的创新。

开放式创新与以往旧有的企业创新大致有这样几点区别（见表1-2）：

表1-2　　　　　　　　　　开放式创新与封闭式创新的区别

封闭式创新	开放式创新
我们要找这个领域最聪明的人为我们工作	我们需要公司内外的聪明人一起工作
我们自己发现需求并开发完成整个流程	企业内部和外部的研发都可以为企业创造更高的价值
我们如果能将产业里那些好的研发工作付诸实践，我们就能赢得创新	不一定是企业自己的研究，也可以从其他研究成果中获益
我们赢是因为我们创造了行业里最好的理念	更好地运用内部与外部理念
我们需要通过管控我们的创新流程抑制竞争者的模仿	因外在组织使用我们的成果而获益，我们也可从外在组织中获得资源、知识、技术等，使自身获益

　　我们以宝洁为例。2000年，宝洁高管雷富礼临危受命，担任企业新一任CEO，他当时就采取了开放式创新的商业模式。宝洁在其商业模式中建立了三个桥梁：技术创业家、互联网平台和退休专家。宝洁一改往日对研发部门的重金投入，采取开放的态度，以互联网平台为依托，将宝洁的难题暴露出来，同世界各地的问题解决专家建立联系。宝洁通过与外部合作伙伴的合作，不断从外来世界寻找解决方案，以此来促进内部研发。宝洁依靠这种开放式创新的商业模式，逐渐化解了一场企业大危机。

1.4　创新商业模式的S曲线

　　战略管理学家马修·奥尔森和德雷克·范贝夫在他们的著作《失速点》一书中，通过验证，提出了这样一种理论："一旦公司在上升过程中遭遇重大阻碍，那么它恢复元气的概率只有10%。"这个数据使人震惊。

一家公司的发展为什么会陷入停滞状态？一般来说，传统的解释多是公司偏离文化价值观，公司的执行力出问题了，公司对消费者需求把握不到位，公司盲目扩大生产等。传统的解释忽略了一个重点：公司花费大量精力不断巩固深化现有的商业模式，而未能投入足够精力，为创建成功的新商业模式打下基础。

如果公司能够及时察觉现有商业模式的缺陷，并进行不断改良、创新，或者重启新的商业模式，那么，公司就获得了可持续发展的动力。在这方面，读懂"S型曲线"理论有助于公司把握商业模式的临界点、危机与转机，顺利完成转型。

从宏观科技发展层面来说，"S型曲线"理论是指，每一种技术的增长都是一条条独立的"S型曲线"（见图1-7）：

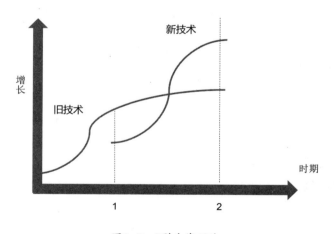

图1-7 S型曲线理论

我们可以把技术的发展分为四个阶段：

（1）起步阶段：早期技术通常是从大学的实验室或者大公司的研究院中出现的。你会觉得它既不重要，用处也不大。此时，技术已开始萌芽并缓慢发展。

（2）创建阶段：那些看起来疯狂或不那么有趣的想法，开始变得活跃、有趣、令人着迷。技术的萌芽开始生长。

（3）应用阶段：这个阶段，技术会呈现出指数级增长趋势，赢家已很显然，但技术发展会慢下来。

（4）成熟阶段：进入这个阶段时，上一次技术的发展已经接近顶端，出现缓慢增长甚至衰退趋势。下一个技术的"S型曲线"也许已经发生。这时的市场巨头的确会十分厉害，但因其技术和商业模式都已被优化和固化，所以容易导致他们没有机会跳出舒适区，导致对颠覆者的到来措手不及。

在互联网1.0时代，雅虎是绝对的统治者。自1997年以来，雅虎耗资170亿美元，收购超过120家初创公司，但这种大规模低效的并购并没有如愿提升雅虎的市值，反而使其后续发展乏力。随着互联网的不断发展升级，在门户网站业务衰退后，雅虎不断错过搜索、社交媒体和移动等一次又一次重大机遇。雅虎始终未找到足够有竞争力的创新点，也因此逐渐走向没落。

事实上，很多像雅虎一样的公司，在"S型曲线"早期获得了成功，但在应用阶段与成熟阶段，达到S曲线的临界点，遇到危机。如果此时企业不对现状做出正确的反应，积极寻找下一个早期"S型曲线"，那么，企业就不可避免地走向被颠覆的结局。

1.4.1　位置与趋势的把握

成熟的企业往往会花费大量的人力、物力、财力来延伸现有的业务线，即延长"S型曲线"的成熟期，但是他们视野不够开阔，并没有及时跟踪行业技术的发展趋势，更没有不断更新自身能力来未雨绸缪。

当然，未雨绸缪说起来容易，做起来并不简单。事实上，企业走下坡路的时候，很难从数据中看出来。往往是被颠覆前夕，大数据仍然显示了一份出色的成绩：现有业务模式的收入猛增，利润稳定，公司的股价节节上涨。但是，实际的情况是，企业周围早已危机四伏。

柯达在2012年1月被迫申请破产保护。拥有百年历史的柯达，曾经一度成为美国文化的象征之一，是胶卷的代名词。在鼎盛时期，柯达曾占据全球2/3的胶卷市场，拥有14.5万名员工，特约经营店遍布世界。

但是，随着数码科技的发展，数码产品以迅雷不及掩耳之势席卷全球，以柯达为代表的传统胶卷市场迅速萎缩。柯达已是"美人迟暮"。

事实上，柯达的研发机构早在1975年就发明了世界上第一台数码相机，但是柯达在科技发展的前瞻性方面判断失误，柯达的市场策略趋于保守，他们认为科技会对其飞速发展的胶卷业务造成致命的冲击，于是他们选择雪藏这一技术成果。

在1998年时，随着科技的发展，数码技术已经对胶卷行业形成巨大的冲击，柯达并没有及时采取创新举措。更令人惋惜的是，柯达早在2001年就已经意识到人们有分享照片的需求，当时柯达还收购了一家照片共享网站。而当时的扎克·伯格还没有开始构建它的Facebook社交王国。但柯达因为仍旧是胶片时代的视野，他们竟然将收购后的照片共享网站视为鼓励人们冲洗数码相机照片的工具。显然，柯达再一次与机会失之交臂。

柯达公司因低估数码相机的普及速度，利润逐渐下滑，到了2005年，柯达已经亏损1.42亿美元。到了2011年，柯达股票跌至历史最低点0.54美元，员工数量锐减10万名左右。2012年，柯达申请破产保护。

事情如果到此处，我们大可认为柯达已经彻底走向大败亡，但柯达要自我救赎，它最终确实也为自己拼出了一条活路，涅槃重生。2014年，重组后的柯达实现扭亏为盈。2018年，柯达推出了一个让所有人都意想不到的重磅武器"比特币挖矿机"，宣告柯达正式进军区块链技术，寻找卷土重来的机会。对于柯达这次"魔鬼般的转身"，一切才刚开始，结局尚未知晓。

从柯达重组前的大败亡来分析，柯达并不缺乏人才和资金，甚至还屡次预见到市场的发展趋势，并提前准备。但由于对趋势的把握不够深刻，管理层在决策上频频失力，再加上机构臃肿，层级较多等管理问题，导致公司的产品发展没有跟上科技革命的浪潮，也没有与用户变化的需求相契合。

1.4.2　调整三条隐藏曲线

能够成功进行业务重塑的企业，大多拥有一些共同点：足够开阔的视野，能精准把握趋势，不断提升行业竞争力，更新自身能力，做好人才储备。实际上，随着技术"S型曲线"的发展，企业的行业竞争力、能力、人才等各方面都会呈现一种"S型曲线"的形势。因此，当企业进行业务重塑时，需要根据技术曲线，调整其余三条隐藏的曲线（见图1-8）：

隐藏的能力曲线

隐藏的竞争曲线　　　　　　　　　　　　　　　　隐藏的人才曲线

图1-8　业务重塑的三条隐藏曲线

（1）隐藏的竞争曲线。在技术"S型曲线"进入成熟期时，企业竞争的"S型曲线"优势也已经不再适用。因此，在技术曲线进入成熟期之前，企业就应该寻找行业或跨行业的下一个竞争机会。以Netflix为例。它首先从DVD租赁这一竞争点转移，引入了全新的邮寄租赁商业模式。与此同时，它用数字流媒体技术来替代陈旧的技术，以此迅速完成了业务重塑。

（2）隐藏的能力曲线。成功的企业多有自己差异化的能力特征，诸如，戴尔的PC直销模式、丰田的精益生产模式、沃尔玛独特的供应链模式等。但是，企业能力的差异性也是呈S型发展的。因此，领导者必须在能力曲线即将到达或呈现巅峰状态时，及时投入研究下一次科技情景下能力提升的方法。比如，亚马逊的CEO杰夫·贝索斯很早就开始投入大量的人力物力来布局与第三方销售的合作以及海外扩张规划。

（3）隐藏的人才曲线。当企业业务运转蒸蒸日上的时候，企业的人才拥有推动企业发展的能力与远见。但是，企业如果此时忽略了员工的学习曲线，摈弃了成长型思维，那么随着科技的发展，企业在人才方面的优势会逐渐丧失，重塑业务会变得艰难。

我们以英特尔为例。英特尔曾经统治了人们桌面互联的时代，但是在移动互联网时代，英特尔因为没有迅速把握定位而错失了统治者地位。如今，英特尔显然已经重回挑战者位置。这家企业是如何保持与时俱进的管理理念的？

随着智能时代的到来，英特尔就新的技术与商业形成了一个闭环。英特尔利用大数据分析获得可执行的业务洞察，通过激活数据去驱动业务发展，改善客户体验，改进产品和服务，推动业务发展，保持竞争力。英特尔还打造了面向5G的新一代系统设计和平台，提供从云、核心网、接入网，到无线技术以及智能设备的端到端5G解决方案。英特尔在智能时代初期可谓布局精细。

在英特尔，为了能长久给企业带来生命活力和业务变革，公司经常会进行高管改组。没有哪个高管愿意在业务蒸蒸日上时选择下台，但是为了能为企业带来新鲜血液，英特尔的高管们义不容辞。比如，1998年葛洛夫在卸任时仍是一位卓有成效的领导者，他完全可以在三年后65岁时退休。但是，他及时地让位于贝瑞特，这使得后者通过延展产品线，成功地采取了促进业务成长的战略。

在公司员工管理方面，英特尔仍然秉承公司文化，积极创造"让员工主动参与公司发展"的工作环境，主张在沟通上进行"建设性对抗"，在行动上"敢于冒险"。"建设性对抗"使得英特尔在这个快速变化的行业里，通过头脑风暴式解决问题的方式，实现了高效工作。"敢于冒险"激励公司员工去冒险、去创新，从不断试错中成长。

第二章

赋能：刷新企业管理思维模式

微软总裁萨提亚·纳德拉说："任何组织和个人，达到某个临界点时，都需要自我刷新。"如今，公司的组织或个人所面临的最大挑战是未来的不确定性。组织与个人必须具有驾驭不确定性的能力。因此，公司必须从组织层面与个人层面进行赋能，向内打破，且自我驱动成长，不断重新激活组织与个人。如果说用几个关键词来概括赋能，那么，可以是这五个关键词：同理心、成长型思维、重构创新、能量层级、身份颠覆。

2.1 以同理心引领持久革新

现代情商理论认为：情商包括五个方面，即：自我情绪认知、自我情绪控制、自我激励、同理心、人际关系处理。作为情商的重要组成部分，同理心这个概念最早由人本主义心理学大师卡尔·罗杰斯于1951年提出，即于人际交往过程中，能够站在他人的角度思考问题，体会他人的情绪和想法、理解他人的立场和感受。同理心是将心比心，将自己放在既定已发生的事件上，想象自己因何种心理、决策导致这种行为，触发相应事件。因为自己从心理上已经接纳了这样的心理、行为、结果，所以也更容易接纳别人的相似处境。

同理心可分为三重境界。第一重，尽量考虑对方的需求与感受，站在对方角度思考问题，使对方感到被倾听、理解、包容。第二重，想对方之所想，急对方之所急，能够使人不知不觉地将内心的想法、感受说出来。能够让人觉得是在用心倾听，让人感到被理解与包容。第三重，洞察力与心理分析能力很好，能从别人的表情、语气判断他人的情绪。能够做到将心比心，设身处地去感受和体谅别人，并以此作为工作依据。能够投其所好，以适应对方的沟通方式。

对于企业来说，同理心不仅是管理思维的重要组成部分，而且还是引领企业持久革新的重要力量。

微软总裁萨提亚·纳德拉被认为是微软最聪明的工程师之一，自从纳德拉出任CEO之后，微软市值翻倍增长，不断刷新历史数据。纳德拉认为：这一切要归结为"同理心"。纳德拉认为：同理心是一种至关重要的能力。如果我们希望利用技术来满足人类的需要，就必须培养更深入地理解和尊重彼此的价值观、文化、情感和驱动力的能力，来发挥引导作用。在人工智能时代，同理心是无价之宝。

企业的同理心到底是什么？我们可以从三方面来说（见图2-1）：

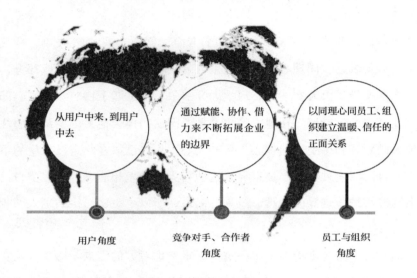

用户角度　　　　　竞争对手、合作者　　　　员工与组织
　　　　　　　　　　　　角度　　　　　　　　　　角度

图2-1　企业的同理心

2.1.1　用户视角：三只松鼠"从用户中来，到用户中去"

从用户的角度来说，企业的同理心意味着企业的产品与服务能够充分站在用户的立场上，考虑如何将产品做得好用，如何满足用户的需求。360总裁周鸿祎认为：任何商业模式都源于对用户的理解，对用户需求和痛点的理解。

哈佛商学院教授克莱顿·克里斯滕森对商业模式的解释为：商业模式就是如何创造和传递客户价值和公司价值的系统。他认为：商业模式包括四个要素：客户价值主张、盈利模式、关键资源和关键流程。通俗来说，我们将其归纳为四个方面（见图2-2）：

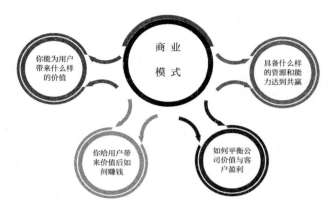

图2-2　商业模式的四个方面

从图2-2中我们可以发现，商业模式的核心是用户价值，如果不能为用户创造价值，或者不能带来用户价值，那么，商业模式便失去了成功的基础。同样，用户价值的核心来自企业的同理心，企业的任何商业模式都源于对用户的理解，对用户需求和痛点的理解。

奇虎360总裁周鸿祎曾指出，检验一个商业模式能不能成立、有没有商业价值，最重要的一点是：换位思考一下，如果让你决定去投资一个东西，你的第一反应就是会把自己当成一个用户去体验，是不是愿意用这个产品，是不是切合了你的需求？用户思维可以作为对任何一个模式的判断标准。

以三只松鼠为例。三只松鼠于2012年在淘宝、天猫上线，品牌一经推出，立刻受到了风险投资机构的青睐，获得IDG的150万美元A轮天使投资；2013年，获得今日资本的600万美元B轮投资，IDG跟投；2014年，获得今日资本和IDG资本1.2亿元C轮投资；2015年，获得峰瑞资本总金额达3亿元的第四轮融资，当时的估值据称达40亿元。

这位小而美的实力派代表，是如何在极短的时间内获得飞速发展，打动用户和投资者的？可以说，这得益于三只松鼠从同理心出发的"用户思维"。三只松鼠将用户体验做到了极致，刚进入三只松鼠旗舰店，就有这样一行字弹出来："主人么么哒,有什么需要为您服务,欢迎吩咐小鼠。"于是,冷冰冰的消费过程转化为生动有趣的沟通过程。他们称呼用户为"主人",这种"尊贵"的身份,使用户倍感亲切、温暖。

从用户下单收到短信提醒起到收到"鼠小箱"上的生动对话,处处都能使用户感觉到信任与爱。可以说,三只松鼠将品牌的去组织化和人格化做到了极致。当用户打开包裹后会惊喜地发现三只松鼠的体验感极好:带有品牌卡通形象的包裹、开箱器、快递大哥寄语、坚果包装袋、垃圾袋、封口夹、卡通钥匙链、湿巾、传递品牌理念的微杂志等。这些小物件都是站在用户的角度,全心全意为用户考虑的。

三只松鼠的整个消费行为的过程都与"用户体验"密不可分,可谓切切实实做到了"从用户中来,到用户中去"。三只松鼠以同理心想用户之所想,解决用户关心的问题,不断提升用户体验,这就是三只松鼠商业模式成功的核心所在。

2.1.2　对手或伙伴视角:网易云课堂零分成赋能合作者

从对手或伙伴的角度来说,企业的同理心在于赋能,以开放式的心态,从竞争对手那里借一步台阶,服务好、争取好自己的用户;而对于合作伙伴,企业则需要为他们与用户考虑更多的企业文化、信任问题、盈利模式等。

在2017年底,网易云课堂正式对外宣布,通过内容的精品化和IP化打造,升级平台资源与服务,为互联网用户创造更有效的学习资源。其中,赋能合作伙伴,力推零分成政策是其主要战略。在"2017内容伙伴大会"上,网易云课堂宣布:"为鼓励优质教育机构、讲师进行多渠道推广,平台从今年1月份开始实施新规定,对流量进行标记,由课程提供方自身带来的流量平台不参与分成,免费为他们提供工具支持和运营服务支持。"

一般来说,在知识付费或在线教育领域,平台参与教育机构或讲师课堂这种模式中，平台一般会将分成比例设定为10%~70%这个范围内。而网易云课堂推出的零分成策略，是站在合作伙伴的角度进行决策的。据统计，平台自实施零分成战略以来，网易云课堂的优势机构同比增长200%。网易云课堂的这一策略，一方面降低了合作伙伴的运营成本，提升了他们的自营能力；另一方面，也提升了教师的收入，吸引了更多的优质教育资源，使得平台的内容与服务在品质方面获得了极大的提升。在此基础上，用户能够享受到更好的内容与服务，从这个角度看，网易云课堂的举措还反哺了整个在线教育的行业生态圈。在成就伙伴的同时，网易云课堂也成就了自己在行业中的声誉与地位。

2.1.3　组织视角：微软以同理心重构组织与个人发展

在日常生活中，同理心不仅可以拉近人与人之间的距离，还能使人与人之间建立一种稳固的、互相信赖的、休戚与共的感情。在企业人力组织管理中，同理心同样重要。拥有高度同理心的管理者，能够与企业灵魂绑定，以企业为己业，在此基础上，做到战略长远、决策精准、执行有力，使企业迅速腾飞。

具备高度同理心的企业组织管理者，不仅仅会带动企业文化走向人性化，也会将同理心的影响力扩散渗透到企业的组织、团队乃至具体到各个员工身上，使组织、团队以及具体到每个员工，都能受益于企业文化所传达的强大的同理心。

研究显示，领袖或管理者的响应越是具有同理心，带来的利益也越大；同理心可以增加团队成员对企业的忠诚和信任。研究也指出，温暖而正面的关系，比工资、奖赏更能提升团队成员的忠诚度。

在萨提亚·纳德拉出任微软CEO初期，他不仅关注商业战略，还对微软进行了文化重塑，他把微软的文化和商业战略提到了同样的高度。纳德拉为企业注入同理心，让微软放下内斗、恢复士气。

纳德拉要求公司的高层们阅读马歇尔·卢森堡著的一本关于情感与合作的

书籍——《非暴力沟通》，让他们从中汲取文化养分，学会以同理心和非暴力沟通的方式进行管理。

纳德拉的管理方式不同于比尔·盖茨和鲍尔默，他们两位的管理风格通常是比较直率，类似于"让我来告诉你今天做错了哪20件事"。相对于他们两位严厉传统的管理风格，德拉纳的管理风格比较温和，他相信人类具有同理心，这点至关重要。不论是为了营造和谐的工作环境，还是为了做出引起客户产生共鸣的产品。德拉纳都提倡以同理心融入工作与生活。"你得能说得出这个人是哪儿来的。"纳德拉说，"什么影响了他们的选择？什么影响着他们的喜怒哀乐？是技术因素还是非技术因素？"

纳德拉为了唤起组织以及员工的同理心，在多种层面做出了改变。例如，从会议议程方面来说，纳德拉引入了更加轻松愉悦的会议氛围。会议往往由一个固定的议程开始，在开始环节，会展示公司内部一些鼓舞人心的事件。会上，纳德拉会积极地征求意见，并且给大家提供反馈。当他十分赞同某个观点时，他会直接用牙齿咬住咖啡纸杯，以便用手势表达赞同。

再比如，小到咖啡盒这样的事情，都是尝试唤起同理心的一部分。当员工将印有甘地的头像和鼓舞人心的话语的咖啡盒扔入垃圾箱时，他心里会有不舒服的感觉。德拉纳说，这些标识的目的，并不是要重新教育，而是唤醒人们同理心的一种表达。

2.2 以成长型思维刷新组织与个人

通用史上最著名的董事长杰克·韦尔奇是一位典型的具有成长型思维模式的管理者。他从不看重雇员的家世背景或资质，相反，比起常青藤等名校，他更偏好从10大联盟学校的毕业生和退伍军人中寻找最合适的人。德韦克说：

"与其看重家世背景，不如物色热爱挑战、想要成长、愿意合作的人，这样招聘才能更有成效。"

韦尔奇还会不断对组织进行刷新，他会耗费数千小时培训和指导他的管理团队，使组织成为典型的成长型组织。比起从外部聘请高管，韦尔奇更倾向于从内部选拔，他充分相信团队中的雇员通过终身学习，会拥有巨大的管理潜能。

那么什么是成长型思维呢？这要从提出成长型思维的卡罗尔·德韦克的研究说起。在20世纪70年代，她和她的团队着手研究儿童应对挫折的课题，他们对纽约20所学校、400名五年期学生做了长期的跟踪研究。他们的发现震惊了整个学术界。

以他们的一次拼图实验为例。实验中，他们让孩子们独立完成一系列智力拼图任务。实验一开始，研究员会每次从教室叫出去一个孩子，进行第一轮智商测试。因为题目简单，几乎每个孩子都能出色完成任务。研究员会附一两句鼓励的话，然后随机将孩子们分成两组，一组孩子得到的是一句关于智商的夸奖，比如"你很有天分，你非常聪明"。另外一组孩子得到的是一句关于努力的夸奖，比如"你刚才一定非常努力，所以表现得很出色"。

当孩子们进入第二轮拼图时，他们有两种不同难度的测试进行选择。一种能在测试中学到新知识，另一种则是和第一轮类似的简单测试。结果发现，那些被夸赞努力的孩子，有90%选择了任务难度较大的拼图测试；而那些自认为聪明的孩子，则不喜欢面对挑战，选择了更为简单的拼图方式。

在后面的追踪访谈中，德韦克团队发现，那些自认为有天赋的孩子会害怕有新的挑战证明自己不是真的聪明，他们不喜欢接受挑战，更喜欢待在自己的舒适区。而那些认为努力很重要的孩子，则更喜欢接受挑战，他们为了达到目的，会不断学习、钻研。

数十年后，德韦克团队得出结论，她将那种认为才能是一种天生就拥有或缺失的素质的思维方式，称作"固定型思维模式"。而将享受挑战、刻苦学习、不断发掘自己的潜力、学习新技能的思维方式称作"成长型思维模式"。

这两种思维模式导致了后者的成就远远高于前者（见表2-1）：

表2-1　　　　　　　　　固定型思维模式与成长型思维模式的区别

区别	固定型思维模式	成长型思维模式
对挑战的态度	回避挑战，只做擅长的事情，容易放弃，害怕失败	认同与喜欢挑战，从跳转中学习、成长
对努力的态度	认同"天赋决定论"，轻视努力与后天训练的意义	经过得当的努力与训练，能力能够被不断刷新
对能力的态度	坚信能力可以通过考试或其他方法测试出来	能力是动态发展的，不会通过测试来下正确结论
对缺点的态度	宁愿获得短暂的成就感，也不愿意暴露不足	不断从挑战中暴露缺点，弥补不足
对反馈信息的态度	因积极的反馈异常兴奋，因消极的反馈备受打击	关注能够增强自身能力的反馈信息
对他人成功的态度	看到别人的成功，会觉得自身受到威胁	从别人的成功中寻求经验，获得激励

后来，她的思维模式研究成果拓展到商业领域，她说："粗略来说，我们发现每家公司内部都对其思维模式存在共识，我们还发现每种思维模式都会衍生一系列相关行为和想法。""固定型思维模式"公司通常看重求职者的文凭和过往成就，在固定型思维模式公司里，只有一小部分"明星"员工受到重视。绝大多数员工工作不积极，他们害怕失败，不愿意尝试创新项目，当然，他们也不认为公司支持自己的改变。而在"成长型思维模式"公司里，公司则

重视职员的潜力、能力和钻研精神。他们更愿意鼓励员工不断创新与合作，用终身学习的企业文化来激励员工努力成长，积极发挥潜能。同时，这种思维方式也使公司能够蒸蒸日上，具备一定的优势。

2.2.1　组织的成长：微软以成长型思维刷新组织文化

微软这头大象曾经一度陷入停滞的泥潭，昔日的巨头也曾面临前所未有的危机。但所幸的是，新CEO纳德拉上任后，用了18个月的时间，和团队一起扭转了这头大象的大败局，完成了微软的命运大转折。

在这短短的18个月里，微软首次以免费的方式推出Windows 10；首次推出Surface Book，成为全球第二大公有云服务商、数据库；首次使Office进入了Windows以外的移动平台。微软还以人工智能、智能手环、全息眼镜等不断刷新微软的业务、认知与未来。

纳德拉采取了什么样的管理方式，使微软能够在短短18个月涅槃重生？事实上，在很多成熟的大型公司，固定型思维模式的存在是一种常态。它不仅存在于企业普通员工或管理者身上，企业组织文化中也充斥着固定型思维模式。纳德拉上任之后，在微软推行成长型思维模式，他告诉微软员工要积极拥抱挑战、敢于失败、在不确定性中打出一片天。

微软注重以成长型思维模式培养组织的整体能力，改变了以往的员工评价体系。在之前，微软会在每年年底根据固定指标对员工进行评价，评价分为5个等级，根据等级结果对员工实施激励策略。如今，在成长型思维下，微软摒弃了这种传统做法，也不再根据业绩对员工贴标签，而是改为由团队主管根据团队整体表现自行决定对团队成员的奖励。

微软也开始改变公司整体评价体系，由过去的利润和营收指标逐步改变为以"客户关系"和"客户推荐指数"来评价整体业绩。

微软还将本来在各自的产品线和业务部门里的业务拓展人员抽离出来，形成了公司层面的业务拓展团队。业务拓展团队跨业务部门、跨领域、跨国家等整合公司的资源，从而更高效地进行微软业务的全球拓展。

2.2.2　个人的成长：阿里超越伯乐的管理思维

马云在选人用人的决策方面，有过一段这样的论述："永远要找对事情特别感兴趣的人，而不要找最懂的人，尤其是在做一件前人没有做过的事情时，你要找到好这口、愿意学习的人，而不是找最懂这方面的人……我们跟谷歌有点不一样，谷歌喜欢世界上一流的人才，我认为世界上不存在一流的人才。阿里巴巴喜欢平凡的人，认为自己是一个平凡的人，愿意学习，这就是我们需要的人才。因为我们做的是前人没做过的事情，大家一起来学习，一起来努力。"

阿里巴巴的"不要专家，不要一流人才"的选人用人标准令人费解。实际上，马云在做出这样的选人用人决策之前，也曾经历过一段曲折。在阿里创业初期，马云大量引进海外知名院校的MBA。他的初衷是想请这群世界精英带领阿里巴巴走向一个新的高度，但在实际管理工作中却发现这群精英更擅长"纸上谈兵"，他们提供的项目规划并不实用，也不能帮阿里巴巴盈利。一段时间后，马云开始逐步"请走"这些世界级精英，最后仅留下5%。马云后来总结，在用人方面，所谓的精英分子未必适合企业，而平凡人在一起也可以做出不平凡的事。

阿里的"平凡人"其实是典型的具有成长型思维的人。而且阿里对于这群人的培养方面，也具有超越伯乐的思维理念。

阿里重视企业内部培训。在阿里，员工们不仅有高标准的部门业务指标KPI的考核，还要接受公司安排的各种培训。比如阿里课堂、阿里夜谈、阿里夜校、百年大计、百年诚信和百年阿里等。阿里还在制度层面都要求员工必须修满科目学分。

2008年，马云在湖畔学院的讲话中说："我觉得用人的最高境界是提升人。职业经理和领导者的区别是什么？我招到一个好人，把他放到一个合适的位置上，这是很正常的。但是最高的一个境界是我们还没有达到的、正在追求的境界，就是我招了一个人，在用的过程中培养他，越养越大。"

这种超越伯乐的管理思维，使得阿里团队的员工的成长型思维得以充分挖掘，他们通过培训，在价值观层面与阿里越来越合拍，使得阿里团队整体的战斗力超强，执行力一流。

2.3　赋能账户＝能力层级×情感投入

博弈论的非零和博弈中有一个非常经典的理论——囚徒困境。

甲、乙两名嫌犯被捕，警方因没有足够的证据指控他们，于是想了一个办法，分开囚禁这两名嫌犯，单独与他们两人见面，分别给他们提供以下选择（见表2-2）：

表2-2　　　　　　　　　囚徒困境表格模型

		乙	
		指控	保持沉默
甲	指控	2年，2年	0年，2年
	保持沉默	2年，0年	0.5年，0.5年

（1）如果其中一人认罪并作证指控对方，而在对方保持沉默的情况下，此人获取释放，另一人被监禁两年。

（2）如果双方都保持沉默，则两人分别被监禁半年。

（3）如果两个人相互指控，则两人分别被监禁两年。

如果把这两个人视为一个团体，从囚徒困境表格模型可以看出，如果两人互相出卖、指控，获得的结果是两个人各被监禁两年。对于一个整体来说，这个结局是最糟糕的。而如果两个人相互保持沉默，那么，这个结局对于一个团体来说是最好的。博弈论数学家约翰·纳什将其总结为：一个团体中每个人都为他们自己和团体谋求最大利益，则这个团体就能获得最好的结果。

很长一段时间，在企业管理领域，这一理论似乎并没有发挥作用。企业与企业之间、企业中的管理者与员工之间，并没有将彼此看成一个团体，而备受推崇的则是竞争精神。企业与企业之间，彼此都害怕分享信息会损害企业本身利益。企业内部，很多领导者鼓励员工之间进行竞争而非合作。

然而随着科技的进步，AI时代的迅速到来，许多奉行传统型管理的公司逐渐陷入了"囚徒困境"。科技与互联网不仅颠覆了传统行业，也颠覆了传统的管理模式与思维。企业战略专家曾鸣教授认为：未来组织最重要的职能是赋能，而不再是管理或激励。赋能将成为全球顶尖大公司奉行不悖的圭臬。

腾讯开始以"连接一切，赋能于人"作为自己的格局观。微信赋能小程序、公众号、游戏，它们通过微信平台，用户数量呈指数级增长，获得了巨大的产出效果。微信支付又为很多线下、线上商业提供了移动支付闭环，赋能商业生态。

阿里巴巴所引领的新零售变革核心就是"授人以渔"的赋能，赋能商家、赋能中小企业，即"以用户为中心""以合作伙伴为中心"。阿里巴巴还就赋能本身进行承诺"从来不是半信半疑半心半意，而是全心全意全力以赴"。

赋能为企业成长带来的可能性是无限的。员工、合作伙伴、竞争对手都是赋能闭环中的利益相关者，都是企业生态中不可缺少的区块。在整个商业生态系统中，一家企业层级和量级越高，就越是能为更多利益相关者、更多需求提供赋能。而企业在不断进行情感投入、不断赋能的同时，也逐渐获得巨大的发展空间，成长为一家更伟大的企业。

用一个公式来概述：赋能账户＝能力层级×感情投入。

2.3.1　提升能量层级：京东自建物流，滴滴傍上腾讯

伟大的物理学家爱因斯坦有一个著名的公式：

$$E = MC^2$$

其中，E代表能量，M代表质量，C为光速。

事实上，就企业的能量层级来说，套用这一公式也丝毫没有违和感。

能量层级这个概念是美国心理学家大卫·霍金斯用了30多年的时间研究证实的。霍金斯证实人类不同的意识层次有其相对应的能量指数。概括来说，越是积极正面的能量震动频率越高，越是消极负面的能量震动频率越低。他解开了人类心理的一个秘密，即人的能量层级和震动频率决定了一个人的一生与命运。

而企业的能量层级又何尝不是这个道理。一家企业能量层级越高，它的赋能越大，越是能不断迭代为更高级的商业模式。而按照"$E = MC^2$"这个公式来说，质量决定能量，一家企业自身的发展空间越大，价值越高，它的能量层级就高。而企业提升赋能价值的方式大致有两种（见图2-3）：

图2-3　企业赋能价值公式

从自身提升积累的角度来说，企业自身提升、积累的方式很多，诸如，组织去中心化、引入金融工具、智能化等。企业领导者要在一定层面做出正确决策，在考虑风险的前提下理性投资企业自身，才能使产出在未来见效。

我们举例来说：京东在成长过程中，曾遭遇过瓶颈，就是否自建物流系统

这个问题，京东团队和投资者之间有过激烈争锋。毕竟自建物流是一项重大资产投入，风险很高。但是事实证明，京东管理层还是相当有远见的。京东物流系统建立起来之后，在可变成本结构和配送效率上，京东遥遥领先。

京东物流在2018年第一季度仅北京就达到1 001亿元，同比增长33.1%，呈快速增长势头。这也得益于京东组织的全面开放赋能，京东在2017年就宣布赋能京东物流独立运营，组建了物流子集团，这使得京东物流迅速成长为京东的一只"独角兽"，成为仓配模式下快递企业的领头羊。

京东自建物流并赋能物流独立运营的模式，大大提升了自身的能量层级，迅速成为可以和BAT匹敌的电商巨头。

而从合作伙伴赋能的角度来说，有意识地选择能提升自己能量层级的合伙伙伴为自己赋能，这是企业迅速自我强大的捷径。很多初创公司都是借助合作伙伴的力量来为自己赋能的，比如，一些硬件公司因为加入了小米生态链而迅速成为独角兽。

再比如，滴滴之所以能迅速成长为独角兽，是因为得到了腾讯这个巨头为它赋能，并借助腾讯的力量迅速获得市场价值。当然，要找到合适的合作伙伴赋能，企业自身也需要具备一定的能力与优势。滴滴的商业运行模式是这样的（见图2-4）：

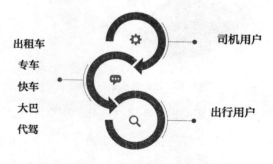

图2-4　滴滴运行模式

滴滴的这种运行模式，一方面解决了用户"打车难"的痛点，满足了用户出行方式多样化的需求；另一方面也降低了出租车的空跑率，优化了私家车的资源配置。在盈利模式方面，滴滴通过六方面来提升自己的盈利能力，包括：手机支付、大数据、市政建设规划、商业地产规划、广告精准投放、广告推广。

滴滴自身在商业模式方面就已经有了颠覆性的创新，再加上打车可以作为微信支付高频应用场景，腾讯与滴滴的合作也是一举两得的事情。滴滴也因此得到腾讯的诸多赋能资源，诸如渠道流量、品牌、粉丝群体、商业模式等，迅速成长为排行榜上的独角麒麟。

2.3.2　为利益相关者赋能：微软赋能商业生态

在早期领导者的思维里，企业这块蛋糕是固定的，对于合作伙伴、员工、供应商、分销商、投资人来说，自然是分给他们的利益少一些，企业的蛋糕才会大一些。如今，随着互联网时代的发展，越来越多的数据显示，企业的经济状况会随着企业对待合作伙伴方式的变化而变化。

随着商业模式的升级，以往的零和思维已经被淘汰，赋能思维将会带来巨大的积极效应。事实上，一家企业越是能为更多的利益相关者赋能，企业自身也就越会获取更高的回报率。企业为利益相关者赋能所对应的商业模式进化路径大致有两条（见图2-5）：

图2-5　赋能利益相关者途径

第一条路径中，为利益相关者赋能主要体现为：对于同一个利益相关者，积极扩大其需求范围。比如，对360的用户来说，他们最初的需求是基于网络安全的杀毒软件，后来360由杀毒扩展到安全浏览器、游戏支付、金融等各个领域，扩大了用户的需求范围。

第二条路径中，为利益相关者赋能主要体现为：不断扩大利益相关者这个生态群的范围，赋能范围由员工、用户扩展到合作伙伴，甚至是竞争对手等领域。

一代互联网霸主——微软，曾因错失移动互联网时代一系列机会遭到过重创。2014年第三任领导者萨提亚·纳德拉上任后，刷新了微软的管理系统，使微软逐渐走向全面复兴之路，终于在智能时代重新回到巨鳄的位置上。

纳德拉采取的企业战略中，最为核心的文化就是赋能，他将微软的企业使命重新定义为：予力全球每一人、每一组织，成就不凡。微软在这种使命的号召下，对企业内外进行一系列改革。我们从赋能组织与个体、用户、合作者、竞争者这四方面来说。

赋能组织与个体。在微软新的管理模式里，以往鼓励每一名员工"向他人证实自己无所不知，证明自己是最聪明的人"的做法被彻底否定；以往将"层级和啄食顺序"放在第一位的会议方式也被彻底颠覆。如今，微软赋能组织与个体以成长型思维，鼓励员工离开熟悉的舒适区，以初学者的心态去听、去学，"保持好奇心"以及"保持用伟大技术满足客户未能表达和未被满足的需求的渴望"。新的管理模式还打破了组织边界壁垒，简化层级，使组织成为"有许多个体组成的大家庭"。在这个多元化与包容性很强的大家庭里，尊重差异，寻求差异，使每个人都可以去自由表达自己的想法。

赋能用户。微软以科技赋能每个人。比如，微软推出AI For Accessibility公益项目，试图用AI人工智能技术帮助残疾人改善并改变生活。微软的Microsoft 365以"跨设备，融合交互"为主题，帮用户打破私人助手之间的边界，降低沟通成本，提高生产效率。微软的AI For Earth公益项目则致力于通过全球陆地、海洋、大气传感器等获取关于环境气候的大数据，用人工智能改善整个人类生存环境。

赋能合作伙伴。以微软Office 365云赋能战略为例，它充分发挥微软生产力云平台覆盖全球的优势，赋能中国企业深耕本土，在本土做精做强；同时，赋能中国企业扩展全球，做专做宽。微软汇聚各方力量共同发掘Office 365生产力云平台的潜力，共同走可持续发展的道路。如今，我国互联网半数以上的独角兽企业都选择了与Office 365合作，它们对Office 365的盈利满意率达到了96%。

赋能竞争对手。纳德拉在其自传《刷新》中说过这样一句话："这些年来，我发现开放是做事的最佳方式，也是让所有各方对结果都感到满意的最佳方式。"在以往的管理模式里，苹果、亚马逊等超级巨头都是微软持久难对付的竞争对手。在新的管理模式里，微软不再与竞争对手鲜明对立、对抗，而是赋能竞争对手，彼此成为长久的合作伙伴，为竞争对手提供发展的空间。以苹果为例，微软与苹果在软件和应用领域进行广泛合作，苹果产品里有微软的经典应用，比如Outlook、Skype、Word等，以及更新的移动应用OneNote、OneDrive 、Sway等。纳德拉还公开展示、推崇苹果产品，使人们倍感意外。

2.4　组织管理的重构、创新与崛起

马奇诺防线的故事可谓流传甚广。一战结束后，法军从1928年开始建造马奇诺防线，用了12年时间，直到1940年才基本建成。马奇诺防线耗资50亿法郎。防线主体有数百公里，主要部分在法国东部的蒂永维尔。此地地形崎岖，

不易运动作战。马奇诺防线乍看上去似乎是固若金汤，但德军仅用了39天时间就攻破了马奇诺防线。

耗费巨大人力、物力成本的马奇诺防线为什么会失败？其中最主要的原因是法军完全按照一战的经验来固守大规模进攻，事实上，随着时代和科技的发展，以往的战争理论、战争的思维习惯与作战方法早就不适用于新的作战形式。

在企业管理中同样如此。一方面，随着企业的不断发展壮大，企业的员工越来越多，企业的组织思维模式如果一直处于僵滞状态，企业组织在面临一系列不确定性打击时，就缺少灵活应对的思维，导致企业问题丛生；另一方面，在企业不断壮大的同时，企业的组织层级与流程在无形中开始变得烦琐复杂。因组织庞大，层级众多，每个环节的管理基本上都由计划、执行、检查以及反馈构成，流程与层级越发烦琐。这种局面会造成员工的效率越来越低，企业业绩不尽如人意。

在企业进行商业模式创新时，这种传统的组织思维方式以及繁杂的企业组织方式会成为商业模式创新的巨大阻碍力量。由于企业组织思维的僵化，领导者和员工故步自封，很难有拥抱变化的心态。再加上在决策层与执行层之间，流程过于烦琐，层级太多，使得组织庞大臃肿，推诿扯皮现象滋生，所有的项目都会拉长周期，人力成本巨大。

因此，企业在进行商业模式创新时，需要从两方面重构、创新组织形式，使组织迅速崛起，成为新商业模式的有利执行者。下面，我们详细来说。

2.4.1　刚柔相济：京东打造价值契约的钻石型组织

埃及的金字塔可谓异常坚固，它抵御了时间的侵蚀，抵御了风雨的暴虐。但是，如果有一些意想不到的打击，比如突然一颗炸弹，或者突然来一场大地震，它未必承受得住。但海洋里的珊瑚礁就不同了，虽然它有时候会被狂风巨浪摧毁，但只要珊瑚礁的礁盘还在，珊瑚礁总会恢复过来。前者是刚性，而后者是韧性。

在企业组织的架构方面，刚性是企业抵御外界风霜雨雪的硬件条件，而韧性是一个企业基业长青的根本。在一个兼具刚性与韧性的组织体系里，即便组织遭遇一些难以预料的威胁，组织也能够应对自如，甚至在遭受重大打击后，依然能够迅速恢复如初，甚至从这种打击中获益。

京东基于对趋势的洞察和未来战略的思考，从未来的挑战出发，对组织进行三大变革：建立客户导向的网络型组织；建立价值契约的钻石型组织；建立竹林生态的生态型组织。其中，建立价值契约的钻石型组织，就是典型的刚柔相济型组织形式（见图2-6）：

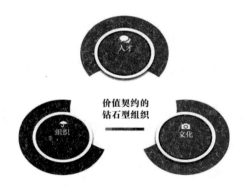

图2-6　京东价值契约的钻石型组织

京东的价值契约钻石型组织，是兼顾法律契约和心理契约、共创个体价值和组织价值的价值契约型组织。它通过塑造具有京东DNA的独特企业文化，将具有共同价值观的人才吸引到一个平台上。京东通过扩大和提升平台的发展空间，帮助人才拓展其能力的广度与深度。京东的这种钻石型组织一改传统的约束式雇佣关系，通过心理契约、价值认同关系，实现企业组织与个人之见的价值共创，不断拓展总体价值边界。京东希望通过构建如钻石般"纯粹、透明、坚韧、持久"的组织，使人才产生强烈的归属感与信赖感，进而使企业成为一个可持续发展的组织，赋能组织本身与组织体系里的个体。

2.4.2 构建网状结构：IBM这头臃肿的大象如何起死回生

管理界经常称那些老牌大公司是"大象"，把一些新兴中小企业称为"瞪羚"，在商业竞争中，"瞪羚"式企业更加充满生机和活力，更容易后来者居上。

传统"大象"企业中，组织管理层级越多，组织就越庞大臃肿。虽然有的大型公司员工达数十万，但却因为层级太多，流程太多，执行力差，没有给企业带来足够的利润，甚至导致企业每年处于亏损状态。而瞪羚式的企业，由于组织扁平化，管理层级少，流程少，则像瞪羚一样体健轻盈，有足够的危机感，执行力高，战略战术也更加灵活。

其实，不管是"大象"企业，还是"瞪羚"企业，只要专注于客户，在此目标基础上使组织更加扁平化，精简层级和流程，就能在商业模式创新方面呈现出巨大的创造力。

百年以来，IBM一直是计算机行业的一只巨鳄。但到了1993年，IBM变得像一头沉重的大象。IBM组织庞大臃肿，业务涉及160多个国家，多达数十万的员工却不能为IBM带来利润，年亏损超过百亿美元。

路易斯·郭士纳接手IBM后，在进行企业商业模式决策时，在很多层面都进行了一系列的调整，其中一项就是实行扁平化管理，精简管理层级，裁减员工，将以往的八九个官僚式管理层级，缩减至四个管理层级。他还将决策权由各地总公司回收到总部。这一举措，使IBM由原来的"中央集权"式的金字塔结构，变成了一种扁平化网状组织结构。这种新型的结构简单有效，使行动迅速。后来，在郭士纳掌舵的9年时间里，IBM持续盈利，股价上涨了10倍。

2.5　领导身份颠覆：设计大师与良田农夫

1912年4月10日，号称"永不沉没"的豪华客轮泰坦尼克号，载着2 000多名乘客与船员，开始了自己从英国的南安普顿出发驶往美国纽约的处女航。几天之后，1912年4月14日，星期天晚上，本来是一个风平浪静的夜晚，但泰坦尼克号撞上了冰山，并在三个小时内沉没，船上超2/3的人丧生。

事实上，对于泰坦尼克号沉船事件，真的只是撞上冰山这么简单？难道当时的技术不足以发现冰山？并不是。

船长史密斯在远洋轮船航行中有着世界声誉，被誉为世界上最老练的船长之一，可谓典型的英雄式领导。英雄式领导者一般会有强烈的控制欲，善于制定策略，下达精准命令。他们过度自信，从来不怀疑自己的能力。

史密斯对轮船本身的动力做出了错误的估计，导致轮船上的瞭望员在看到冰山时无法做出及时的回避。泰坦尼克号最后一次报告位置为北纬41°46′，西经50°56′。但实际上误差足足有20千米，真实的沉船位置为北纬41°46′，西经49°56′。这次错误对于整个后续的救援活动产生了极大的干扰。史密斯船长，虽然拥有足够的智慧和勇气，但是却缺乏对于危机的预判，缺乏应付危机的有效管理机制。

企业在进行商业模式革新时，从领导层角度来说，英雄式领袖是极危险的角色。在这个飞速变化的商业环境中，那种英雄式领导者以及其所创建的巨兽般运转的组织已经在慢慢死去。在新的商业环境中往往是，决策者对一件事情进行监控、评估、决策并采取行动的同时，事态已经发生了根本性的变化，甚至完全呈现出另一种不同的形态。

新的科技以及商业形态的发展变化，更需要的是群策群力，公司高层管理者甚至公司的一线职员，往往就已经拥有海量的数据，他们本身就能窥探到商业变化的奥秘。在这种情况下，领导者"赋能"尤为重要。相比于之前的公司的指挥者，在新型商业形态下，领导者的角色是企业文化的缔造者，更相当于设计大师或者是良田农夫的角色。

设计大师有着高瞻远瞩的开阔视野、超前的设计理念，如此，才能设计出具有一定高度的产品。良田农夫并不是真正让庄稼长起来，而是在耕种之后，更注重后续的维护，诸如浇水、除草、防病虫害等，为庄稼构建良好的成长环境。

2.5.1　心智的高度：Facebook商业模式诞生的真相

心理学中有一个著名的原理——隧道视野效应。即一个人若身处隧道，他看到的就只是前后非常狭窄的视野。也正是因为视野受限，缺乏敏锐的洞察力，他才无法对当前处境做出准确判断，缺乏对未来的洞见。

对于领导者来说，要想带动团队和企业的发展，有开阔的视野和格局，才能高瞻远瞩，走得更远。美国管理学家吉姆·柯林斯在《基业长青》再版导言中说："高瞻远瞩的公司，能够从烦琐的做法和商业谋略中（这些应该应时而变），分离出他们永恒不变的核心价值观和经久不衰的使命（这应该永远不变）。"

企业商业模式的创新需要领导者高瞻远瞩的战略眼光、超前意识以及洞察力。Facebook商业模式的诞生可以说是基于其领导者马克·扎克伯格超前的视野与格局。

2005年，马克·扎克伯格从哈佛大学退学，把自己的初创公司搬到硅谷。那时，Facebook还没有移动版，其网站拥有600万用户，用户群主要为高中生与大学生。在公司估值约1亿美元的时候，很多企业都想收购，但马克·扎克伯格坚决拒绝。

11年后，扎克伯格的Facebook拥有将近1.6万名员工，是一家市值高达3 500亿美元的媒体巨头，还是一家依托广告收入的科技巨无霸。凭借着Facebook的巨大成就，三十多岁的扎克伯格已经获得与比尔·盖茨、史蒂夫·乔布斯和杰夫·贝佐斯并驾齐驱的超级商业巨星地位。

《财富》对马克·扎克伯格研究发现，扎克伯格的成功得益于三方面优势：独特的展望未来的能力；超脱尘俗的连贯性；在一个经常迷恋闪亮小玩意的行业中培养的商业纪律。其中，马克·扎克伯格展望未来的能力排在第一位，他远比外表看上去更有远见、更有格局。

扎克伯格的校友、Facebook前工程师迈克·维纳尔认为：马克的一大特点是，他看待事物的眼光非常长远，几乎是站在地质学的角度。大多数人所思所想的，皆是今天或明天、本周或下周的事情，而马克的思维总是以世纪为单位。

迈克·维纳尔还举了一个例子：扎克伯格先用10年时间，借助固定翼无人机，链接到这个星球上另一半还没有使用互联网的人口，从地球上空为他们提供互联网接入服务。

也就是说，扎克伯格的视野是非常广的，他在思考企业战略的时候，并不是停留在一两年或是三五年，而是将视野放在长时间尚未到来的未来。而视野决定了他的格局，格局决定了一家企业商业模式的未来前景。

2.5.2　赋能授权：华为"让听得见炮声的人来指挥战斗"

如果在一家企业，总经理在做总监的事，总监在做经理的事，经理在做员工的事，员工在谈论国家大事，那么这样的企业管理层就算是"鞠躬尽瘁"，也很难使企业运转下去。这种模式下的组织是很难创新的，更不要说商业模式的创新了。

美国管理学家H·米勒说过：真正的管理者要做的不是事必躬亲，而是要为员工指出路来。企业要想做大、做强，高层管理者必须学会放权、授权。自己负责目标和方向，将指挥团队做决策的权力交给中层或底层管理者。授权不仅能锻炼员工，为企业培养能够担当大任的精英，打造精、准、狠的团队，而且还能使高管"省时省力"，让属下忠实追随，在最大程度上避免企业高管层独裁的企业病。

在华为，金字塔组织最底层干部级别低，并且是直接面对客户和项目的，也是直接面对困难的着力点。

为了提升各层级干部着力点的强度和弹力，在2013年干部年度会议上，任正非提出试行"少将连长"的理念。给连长配上少将的头衔，拔高连长的位置，提高一线管理层在职称、待遇方面的水平，并将权力下放给一线干部。任正非说："我们是要让具有少将能力的人去做连长。支持少将连长存在的基础，是你那儿必须有盈利。"

在任正非看来，公司可以越来越大，管理决不允许越来越复杂。任正非还强调，要让听得见炮声的人来呼唤炮火，他提出："后方配备的先进设备、优质资源，应该在前线一发现目标和机会时就能及时发挥作用，提供有效支持，而不是由拥有资源的人来指挥战争。拥兵自重。"他说："组织流程变革要倒着来，从一线往回梳理，平台只是为了满足前线作战部队的需要而设置的，并不是越多越好、越大越好、越全越好。要减少平台部门，减轻协调量，精减平台人员，自然效率就会提高。"在这种理念下，华为公司管控目标逐步从中央集权式转向让前方组织有责、有权，后方组织赋能及监管。也正是这种赋能授权于一线的组织方式，使华为从一个注册资金仅2万元的小公司，成长为世界商业巨鳄。

第三章

布局：设计商业模式资本顶层

　　商界有一句经典的话："产品型公司值十亿美金，平台型公司值百亿美金，生态型公司值千亿美金。"事实上，所有生态型公司的"洪荒之力"都来自强大的商业模式资本顶层设计。企业的产品、技术再厉害，如果缺少合理的商业模式资本顶层设计，企业在运营之中，就缺少必要的物质基础，甚至整个组织都会缺乏战斗力。因此，企业必须在创新商业模式的时候，构筑属于自己的资本顶层。

3.1 聚焦行业高利润区

企业存在的重要目的之一就是盈利，而企业要完成盈利，就必须知道自己的盈利点在哪里。而这个盈利点，就是行业或产业链的高利润区。

商业思想家亚德里安·斯莱沃斯基说过这样一句话："昨天的回答是，利润正伴随着市场份额最高的供应商。今天的回答是，利润正伴随着具有最好的商业模式的供应商。"而在好的商业模式里，客户的价值主张、产品的内核以及其他业务范围等，都是根据产业链利润区所在以及根据利润区的转移而配置的。

产业链理论认为：从原材料的生产、加工，到产品的研发、设计、品牌打造、销售等所构成的行业产业链中，存在多个利润区。这些利润区的利润高低是不同的，一般来说，可分为高利润区、平均利润区、低利润区和无利润区。在不同的利润区里，企业的盈利模式是不同的。而只有占据行业或产业的高利润区，并根据这个利润区的状况来设计自己的盈利策略与商业模式，才能走捷径，实现企业的飞速发展。

古希腊哲学家阿基米德说："给我一个支点，我能撬动地球。"而对于企业的商业模式来说，高利润区就是创新商业模式的一个支点，是企业撬动商业财富的一个支点。那么，用什么方法来发现这个支点呢（见图3-1）？

图3-1　发掘支点高利润区的方法

其实，高利润区存在于人性与行业趋势之中。能够发现高利润区的高手，无一不是通过对人性的深刻洞察与对行业趋势的洞察而捷足先登。

3.1.1　人性洞察：乔布斯使苹果再度崛起的聚焦策略根源在哪里

商业有一个流传很广的故事，说的是三星创始人李秉哲小时候卖报纸的事情。当时，李秉哲家里困难，为了生活，小小的他不得不去卖报纸。别的孩子一天最多能卖掉几十份报纸，而他则能卖掉好几百份报纸。报亭的老板感到很惊讶，就跟着他看到底有什么样的"魔法"。

果真，李秉哲卖报纸的方法不一样。别的孩子多是拿着报纸，边跑便喊，卖出一份收一份的钱。而李秉哲则是把手中的报纸往候车乘客手上塞，让大家先看。在这个过程中，他并不着急收钱，人们看了之后，大多数都会自觉出钱购买，毕竟多数人都不愿意去欺负一个衣衫破旧的小孩子。

李秉哲的这种商业模式，其实就是基于对人性的判断，即他相信大部分人看了报纸都会出钱买。他因此发现了别人没有发现的商机，在这个高利润区，他采取创新的交易模式，打造了超速盈利的商业模式。

事实上，乔布斯再次回到苹果后，对苹果实施的聚焦策略，又何尝不是源于对人性的洞察，从而占据了市场的高利润区？

随着时代的信息化以及消费者的倦怠等因素，消费者已经无法接受关于产品或品牌的过多的信息。而乔布斯深刻洞悉了人类的新人性特征：喜欢简单、实用又美观的产品。

1997年，乔布斯回到濒临绝境的苹果公司，此时苹果公司的主打产品依然是他离开之前的麦金塔电脑，但前任总裁实施了市场细分营销策略，这使得苹果的产品拥有众多的系列和版本，但单款产品看上去都缺乏吸引力。

乔布斯召集董事会成员后，在白板上画了一个巨大的十字，他指着那十字的四个空白的区域说，苹果将只开发四款产品，分别针对个人市场和专业市场中的高端用户和低端用户。起初，董事会成员还觉得不可理解，但乔布斯的这一产品品类聚焦战略通过iMac的开发获得了巨大的成功，重新点燃了市场对于苹果的厚望。

1999年，乔布斯顺势推出了第二代iMac，还发布了红、黄、蓝、绿、紫五种水果颜色的款式以供选择。

苹果以简洁清晰的产品品类聚焦策略，使苹果能够集中所有力量，深挖市场用户的需求，做出高品质的产品。苹果也自此找到了自己的竞争优势，降低了企业的运营成本，占据了行业高利润区，重新巩固了苹果产品的市场地位。

3.1.2　趋势洞察：多利农场的有机蔬菜是如何俘获人心的

小米总裁雷军说过一句很经典的话："站在风口上，猪也能飞上天。"在潮流和趋势面前，是顺势而为，还是逆势发展，结果迥异。企业如果能够顺势发展，坚持努力几年，成绩会让自己吃惊；而如果企业逆潮而动，可能最后输得一败涂地。顺势而为可使企业一飞冲天，多利农场可谓是站在趋势的风口，顺势而为，从而占据高利润区的典型企业。

随着人们环保意识以及食品安全意识的增强，有机蔬菜行业得到了快速发展。在欧、美、日等部分发达国家，有机蔬菜行业发展迅猛。而在我国，有机蔬菜市场还处于发展中阶段。多利农场在此时搭上"有机蔬菜"这辆快车，可谓是站在了趋势的风口。

当然，仅仅是站在趋势的风口，如果缺乏一定的商业模式创新，很快会被行业新入者挤掉市场份额。多利自然并非传统企业，它采取的是一套"品牌+连锁"会员直销的创新式商业模式。

多利农场租地种有机蔬菜，为了消除客户对有机蔬菜的顾虑，它采取了直接把蔬菜送到用户家中的方法。它从来不会交给中间商来卖，一直致力于自建电子商务与物流体系。需要指出的是，在传统的蔬菜盈利模式中，80%的利润被中间商赚取，而多利的运作方式大大压缩了中间环节，减少了运营成本。

多利农场还会定期邀请会员客户到农场餐馆，亲自体验种菜的乐趣，品尝新鲜蔬菜。这种场景体验式营销手段，可以说也是源于多利农场对营销趋势的深刻洞察。

3.2 把企业做轻，把价值做大

商界有个很流行的段子：

全球最大的出租车公司优步没有一辆出租车；全球最热门的媒体Facebook没有一个内容制作人；全球最大的住宿服务提供商Airbnb没有任何房产；全球最大的零售商阿里巴巴没有一件商品库存……

这些都是典型的轻资产商业模式。所谓轻资产商业模式，即指企业紧紧抓住自己的核心业务，而将非核心业务外包出去。这使得企业投入资本较低，周转速度快，资本收益高。轻资产商业模式的核心为——以价值为驱动，把企业做轻，把价值做大。轻资产商业模式多具备这样四个特点（见图3-2）：

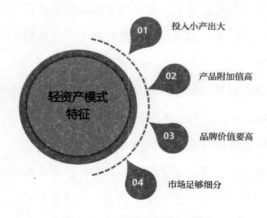

图3-2 轻资产模式的四个特征

（1）投入小产出大。比如，轻资产的典型代表凡客诚品2007年注册资本为475万元人民币，不到四年就创造出市值32亿美元的成绩。

（2）产品附加值高。传统品牌会经过数年积累才能使品牌在消费者心中占取一席之地。而轻资产商业模式的公司，必须迅速使产品占领市场才能得到消费者认可。因此，轻资产公司的产品有很高的附加值与独特性。

（3）品牌价值要高。品牌价值是一家企业的灵魂。传统企业往往会花费数年来打造品牌知名度与声誉，而在轻资产模式的企业里，品牌必须在很短的时间里触动口碑疯传。

（4）市场足够细分。轻资产商业模式下的企业，对于市场的细分是非常精细化的，它们把市场细分到很难再次细分的程度。这也有利于它们迅速获得市场空白或闲置份额。

成功使用轻资产商业模式运营的企业，往往善于利用三个杠杆，即利用与整合存量关键资源；有效利用负债杠杆；有效利用价值杠杆。

利用与整合存量关键资源，即自身投资少，资产轻，或者业务系统轻资产化，化重为轻；

有效利用负债杠杆，即库存低，应收账款少，有息负债少，风险低，运营资本消耗少，甚至为负，运营效率高；

有效利用价值杠杆，即投入少但收益高，成长速度快，公司价值高效增长，能快速吸引外部资本。

3.2.1　减法思维：从重资产到轻资产，万达颠覆万达

在这个充满不确定性的时代，轻资产商业模式是企业规避或转嫁风险，实现智慧转型与创新的必备商业模式。在轻资产商业模式中，企业摈弃了过去的那种依靠"土地、厂房、设备、劳动力、流水线"而生存的重资产型商业模式，砍去一切烦琐、重复、无效的流程等包袱，丢掉这些"隐藏的风险"。企

业开始做减法，以经营上创新、轻型化布局，轻装上阵，以获取轻资产和智慧带来的更为丰厚的收益。

我们以房地产巨头万达为例。传统的万达商业地产是典型的重资产模式，万达商业地产的主要产品是城市综合体，它的典型模式就是建设一个大型万达广场，配套为写字楼、商铺、住宅等。在这种传统模式里，万达会将配套物业进行销售，用销售产生的现金流投资持有的万达广场，以售养租。万达广场建成后自己持有经营，全部租金收益归万达。

在2016年年初，万达总裁王健林做出了一个大胆的决定，万达要向总资产7 500亿元发起冲击，房地产不再作为主导产业，地产销售收入任务从1 640亿元降至1 000亿元。王健林提出，要再造一个万达——一个基于O2O、大数据、金融工具的万达。他为未来的万达开出了两个药方，其中之一就是轻资产。房地产收入未来将缩减至集团总收入的1/3。

就万达城市总体这个项目来说，轻资产意味着，万达集团在投资建设万达广场的项目中，全部资金由别人出，万达负责选址、设计、建造、招商和管理，所产生的租金收益，万达与投资方按一定比例分成。不过，万达有协议在先，投资方不能以"资本的名义"干预项目经营。项目落地后，投资方可以在营销上发挥自己的能力。

万达还定下一个目标，即五年内消化掉7 000万平方米销售物业，这意味着，五年之后，万达广场就没有重资产项目了，万达商业地产将完成去房地产化，彻底转型为一家商业投资服务类轻资产的企业。

3.2.2　颠覆思维：腾讯微信的"羊毛出在猪身上，狗来买单"

"羊毛出在猪身上，狗来买单"可以说是互联网时代典型的轻资产商业模式。这句话最直接的意思就是说，我卖的产品是免费的，但我能从产品的附加值里面赚取利润。如同我们观看视频，视频网站赚取广告商的钱，用户对应的是猪，广告商对应的是狗，羊毛可以说是利润、利益，也可以说是一种盈利模式。

　　"羊毛出在猪身上，狗来买单"这种轻资产商业模式可以说是企业经营、商业模式、利润创造的创新思维的一种表达方式。将这一商业思维运用得炉火纯青的代表就是微信了。

　　2014年，微信大约积累了6 000万用户，仅仅用了一年半时间，微信的用户达到三亿户，然后又在短时间内快速升至七亿户。快速爆发的人口红利，吸引了大量移动互联网创业平台型项目来"买单"，这些项目也按照"羊毛出在猪身上，狗来买单"的逻辑获得了成功。

　　不得不说的是，企业在用"羊毛出在猪身上，狗来买单"这种商业模式之前，必须理清三个问题（见图3-3）：

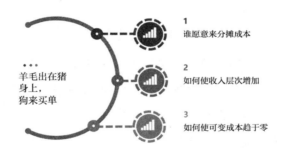

图3-3　"羊毛出在猪身上，狗来买单"模式需理清的问题

　　（1）谁愿意来分摊成本？愿意为成本买单的第三方往往是"这项成本原本就是他的支出项"。双方的合作项目又有成本合并同类项，这样双方通过共享，就能使彼此的成本降低了。

　　（2）如何使得收入层级增加？当企业支付了完成直接买卖的所有成本，这时，企业就可以把这份新增价值以极具吸引力的价格卖给第三方，进而增加收入层级。

　　（3）如何使可变成本趋于零？在传统商业模式下，企业每多生产一个产品，增加一个客户，小支付的可变成本就会增加。但在互联网＋时代，数字化、信息化的企业会随着客户的增加，保持支出成本不变。这种情况下，可变成本就会趋向于零。此时，采用免费或跨界的商业模式，就很容易带来行业的颠覆。

3.3 内部股权改革：让企业自动运转

企业这块大蛋糕要做大做强，必须充分调动员工的积极性，使人尽其才，物尽其用。在企业顶层架构方面，企业有必要引入股权激励手段。事实也证明，几乎所有做大做强的企业，在商业模式的顶层设计方面，都有自己完善的股权激励制度。

据《财富》杂志统计：截至2015年，世界500强有85%的企业做过股权激励，在中国，700多家上市公司公布的股权激励计划有1 000多个。股权激励是以一种通过经营者获得公司股权形式，给予企业经营者一定的经济权利，使他们能够以股东合伙人身份参与企业决策、分享利润、承担风险，从而勤勉尽责地为公司的长期发展服务的一种激励方法。概括来说，就是一种"舍明天的利润，得后天的未来"——财散人聚的激励手段。企业的股权激励具有三项典型特征（见图3-4）：

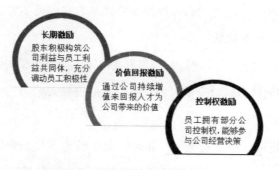

图3-4 股权激励三项基本特征

股权激励以股权为出发点，以激励为落脚点，通过好的激励机制来吸引优秀人才，激励人才，使人才积极参与公司的商业模式创新，为共同的目标而奋斗。

目前，企业的股权激励主要包括：期权模式、限制股模式、虚拟股模式、业绩股模式、延期支付模式、经营者/员工持股模式、管理层/员工收购模式和账面价值增值权模式等。在这些股权激励模式中，除了最后一种股权激励模式外，其余股权激励模式的激励对象所获的收益受公司股票价格的影响。此外，账面价值增值权模式与证券市场无关的股权激励模式，激励对象所获的收益仅与公司的每股净资产值有关。

企业对员工进行股权激励时，也要注意在合适的时间施行股权激励。一般来说，企业创业的四个时期，如创业初期，企业的改革调整期、企业融资期和企业的并购重组期，是比较适合进行股权激励的。在合适的时期，选择合适的股权激励模式，能对员工起到事半功倍的激励效果。

另外，企业也应设置股权激励人的退出机制，应明确发生什么样的情形可进行股权回购，或者股权激励方案在什么情况下会自动失效。这种有进有出的股权激励体制，才能激励持股人愿意长久为公司贡献自己的力量，愿意尽最大努力使公司与自己达成共赢局面。

3.3.1　建立长效制度：星巴克完善的股权激励制度

企业的股权激励作为一种留住人才、激励人才的激励措施，必须是可执行、可预期和可持续的，以此才能保护公司、股东以及经理人的权益。因此，公司在实行股权激励计划时，应明确股权激励的五个核心问题（见图3-5）：

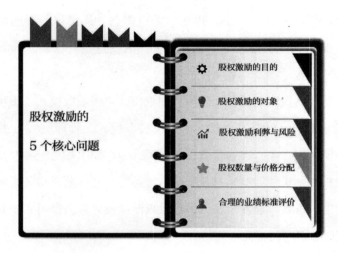

图3-5   股权激励的5个核心问题

　　这是企业领导在进行股权激励前，要首先考虑的问题。企业必须有完整的制度来确保激励方案的实施，最后用制度来确保激励机制和约束机制的制衡。

　　以星巴克的股权激励为例。在星巴克，每一位员工都有可能成为星巴克的股东，因此，星巴克称员工为合伙人，而不是员工。星巴克对于员工的持股激励，有完善的制度体制。我们列举其中三种主要的制度。

　　第一种：员工持股投资计划。

　　该计划规定，星巴克的员工在每个季度都有机会以抵扣部分薪水的方式，通过折扣价格购买公司股票。申购的员工需要满足以下三个条件：

　　　　被星巴克连续雇佣90天以上；

　　　　每周工作时间不少于20小时；

　　　　申购资金限额为基础薪酬的1%至10%。

　　至于折扣力度，星巴克声明，在每个季度第一个和最后一个工作日，选择一个较低的星巴克股票市场价格，将员工抵扣工资以八五折购买。

　　第二种：咖啡豆期权计划。

　　该计划的目的是为了向员工充分分享公司的经营成果。申购该项目的员工需具备的条件为：自每年4月1日起至本年的财政年度结束；或者自每个财政年度10月1日开始，至次年3月31日；或者自4月1日起，至当年该计划正式执行前。在此期间，员工连续被星巴克雇佣且被支付不少于500个小时工资。此计划人员范围为主管以下员工。

第三种：奖励股票期权。

公司董事会每年会根据年度业绩，奖励符合条件的员工一定的股票期权。员工个人可获得的期权数量取决于：企业的经营状况、收益率；员工个人年度基础薪酬；股票预售价或公司允诺价。

星巴克通过这种完善的股权激励制度，有效地同员工建立了一种"利益共同体"的关系，从而最大程度地降低了员工的离职率，激发了员工的工作积极性，提升了员工的工作执行力和效率。

3.3.2 选择激励模式：华为不同发展阶段的股票期权激励模式

股权激励主要有9种模式，即业绩股权模式、期权模式、限制股模式、虚拟股模式、延期支付模式、经营者或员工持股模式、管理层或员工收购模式、股票增值权模式、账面价值增值权模式。

每一种模式的股权激励都有其自身的缺点与优点，企业应在深入了解股权激励模式的基础上，结合本企业的行业特点、发展阶段、财务状况、股权结构、市场趋势等情况，选择最适合企业当前实际发展状况和目标的股权激励模式。

拿华为来说，华为在90年代初期，现金流紧张，华为采取以向员工融资的形式获取资金。1990年，华为员工以每股10元参股，以税后利润的15%作为分红。而到了1997年，华为注册资本达到7 005万元。这种原始的员工融资持股方式，一方面增强了员工的稳定性、团队归属感。另一方面，使华为有了充足的现金流，足以渡过难关，获得更大的发展。

1997年6月，华为对股权结构进行了改制，员工所持股份分别由两家公司工会集中托管，并代行股东表决权。1998年，华为引进西方的虚拟股股权激励制度。1999年6月，华为公司工会以现金收购了华为新技术公司所持的5.05%股份，同时也收购了华为新技术工会所持有的21.24%的股权。至此，华为的深圳市华为技术有限公司工会持股88.15%，华为新技术公司工会持股11.85%。2000年，任正非持有的1.1%股份单独剥离，至此，任正非作为华为的独立股东的地位得到确认。

2001年，华为公司通过了股票期权计划，推出了《华为技术有限公司虚拟股票期权计划暂行管理办法》，华为员工所持有的原股票被逐步转化成虚拟股。

2003年，华为投资控股有限公司成立，华为公司原有的内部员工持股、股权激励都被平移至华为控股平台。此时，任正非持股1.070 8%，其余为华为控股工会持有。在这一时期，华为大幅度增加配股额度，股权激励开始向核心员工倾斜。从2008年起，华为规定了员工的配股上限，对于个别达到上限的员工，不允许参与新的配股，目的是为了给新员工留下激励的空间。

几年后，直到2011，华为内部融资超过260亿元，华为的利润和业绩实现爆破式增长。这一年，华为出台具体措施识别"奋斗者"，只有奋斗者才有配股资格。2013年和2014年这两年，华为先后对外籍员工和本国内员工推出奖励期权计划框架，即：每年根据员工岗位及级别、绩效，分配一定数量的5年期权和增值权，员工不需花钱购买，可获得相应的分红权，5年后清零。

可以看出，华为在不同的发展阶段，采取了不同的股权激励模式。在早期，因公司发展缺少资金，而员工缺少投资渠道，华为用实体股权激励获得内部融资，激发员工的工作热情和动力。到了发展中期，华为有了一定的发展，员工也就越发信任华为。再加上华为的股权激励逐步转向虚拟股，华为不断扩大股权激励规模，使公司获得大量资金支持，员工也得到丰厚的股权收益。发展到今天，华为公司规模巨大，资金充裕。另外，华为也开始逐步推行奖励期权策略，给公司留权，给员工分利，为未来发展预留出足够的空间。

3.4　私募助力，企业扶摇直上

很多企业靠利润自然积累而进行业务扩张，其速度并不快。而对于一些轻资产型的企业来说，由于可抵扣的资产少，因而从银行获取贷款并不是很容易的事情。但企业一旦吸收私募投资之后，就有可能在短期内飞速发展，快速具备上市的条件。企业在进行私募融资架构时，需要注意9个细节问题（见图3-6）：

1.上市问题

2.估值

3.独家谈判期

4.投资条款清单

5.对赌

6.锁定创始人

7.公司经营漏洞或瑕疵

8.业务与资源的倾斜

9.保证条款

图3-6　私募融资架构的9个细节问题

（1）上市问题。公司在早期进行融资架构时，就要考虑到未来上市问题。要清楚公司将来会在国内还是境外上市。如果是国内上市，则架构人民币融资；如果是境外上市，则需搭建境外融资架构。目前来说，互联网企业在国内上市难度较大，很多大型的互联网企业，诸如百度、360、腾讯、唯品会等，都在上市之前会搭建境外架构。

（2）估值。在估值问题方面尤其要撇清，要清楚是投资前估值还是投资后的估值。如果投资者对公司估值是两个亿，投资人投资6 000万，那么，他所占股份为多少？30%还是23%？投资者的估值是投资后的估值，投资前对公司的估值为1.4千万元。如果是单讲估值，应该指投资前估值2亿元，投资者实际所占的股份是2.6亿元中的6千万元，也就是约23%的股份。

（3）独家谈判期。一般来说，企业在进行私募融资时，会接触好几家不同条件的投资者。为了避免抬价问题，投资人多会约定独家谈判期。在这段时间，你只能同这一家投资人谈判。独家谈判期不能太长，否则会影响到企业与其他投资者的谈判时机。

（4）投资条款清单。虽然投资条款清单一般不具备法律效力，但一般情况下，双方都会遵守，且投资条款清单也会为后面的正式协议奠定基础。因此，企业经过周全考虑后所拟定的需要体现在正式协议里的条款，尽可能在投资条款清单里体现出来。

（5）对赌。对赌也被称为估值调整。在企业私募中，对赌协议是非常常见的条款。根据中国的法律判例，股东和公司对赌无效，股东间对赌有效。投资人对公司估值的基础是你讲的故事——商业计划，你的商业计划中，估算有未来可能的盈利、用户数、上市的时间等，达到这些指标，你公司就值这么多钱；如果达不到，当然就不值这么多钱，投资人就要对估值金额进行调整。对赌一般是赌业绩，赌上市时间，赌后续融资等。对赌的结果，则以股份或钱的形式来兑现。比如，投资者股份的增加，或者投资人要求连本带利归还投资金额。

（6）锁定创始人。投资人在为公司投钱的时候，很重要的一点是看中了企业创始人。投资人为了保证创始人不跑路等问题，也会做出其他一些条款约定，诸如，竞业禁止协议、不离职条款、不能卖股份条款等。

（7）公司经营漏洞或瑕疵。一些情况下，在公司早期经营活动中，可能存在一些不规范问题，诸如，员工公积金缴纳问题、纳税问题、经营收入两本账问题，甚至经营地址与注册地址不一样也算一个问题。投资人对公司的期望值是"上市"，所以会按照上市的标准来要求公司解决相关问题。如果将来某一天因为这些问题造成公司、投资人利益受损，原始股东要承担责任，并根据协议或合同条款，给予投资人一定的赔偿。

（8）业务与资源的倾斜。企业与投资人之间的选择是一个双向问题，在投资人选择企业的同时，企业也会对投资人进行一定的评估与选择。企业看中的不仅仅是投资人的钱，而且还看重的是投资人的人脉、业务与用户等资源。比如，企业在同阿里、腾讯、京东等大企业投资者谈判时，他们的业务与资源的一部分会自然导入企业，助长企业成长速度。

（9）保证条款。投资者会要求公司陈述所有内容，承诺内容、协议、合同等的真实性、完整性。如果投资者发现保证条款有作假的行为，会要求相应的赔偿措施，并要求公司承担相应的责任。

3.4.1 股权设计：携程旅行如何步步为赢

携程旅行网创立于1999年初，借助私募资本的力量发展迅猛。2003年12月9日登陆美国纳斯达克股票交易所正式挂牌交易。携程自1999年10月起至2003年9月，先后进行了四轮融资。

第一轮融资：携程网的注册资本为200万元人民币，1999年10月，携程网还没有正式推出，就已经获得美国风险资本IDG技术创业投资基金的投资，此次融资50万美元。IDG获得了携程20%多的股份，并且在携程之后的每轮融资中，IDG都在继续跟进投资。IDG主要看中的就是携程的商业模式和创业团队的价值。

第二轮融资：2000年3月，携程国际在开曼群岛成立。软银、上海实业、IDG、兰馨亚洲、Ecity这五家投资机构与携程签署了股份认购协议。携程发售432万股"A类可转可赎回优先股"，每股1.0417美元。IDG追加认购了48万股，软银认购144万股；兰馨亚洲认购92.16万股；Ecity认购96万股；上海实业以及一些个人股东认购48万股。随后，携程国际通过换股100%控股携程香港。携程的集团架构完成，为携程以红筹模式登陆外国证券市场打下了基础。

第三轮融资：2000年11月，凯雷等风险投资机构以每股1.566 7美元的价格，认购了携程约719万股"B类可转可赎回优先股"。其中，凯雷取得约25%的股权；而软银、IDG、上海实业、兰馨亚洲则分别增持约64万股、41万股、83万股、18万股。携程此轮获1 000万美元融资。

第四轮融资：2003年9月，携程以每股4.585 6美元的价格向老虎基金发售218万股"C类可转可赎回优先股"。这笔投资全部用于原有股东包括凯雷、IDG、上海实业及沈南鹏、季琦等的套现退出。

在以私募股权形式完成增值之后，2003年12月9日，携程国际正式挂牌纳斯达克。上市当天，携程IPO表现优异，以24.01美元开盘，最高冲至37.35美元。

携程的成功很大程度上可归因于其极善于利用私募股权投资，借助资本的力量快速升级。携程在四轮融资过程中，将私募股权工具增资扩股、股权转让、红筹上市、优先股等运用得炉火纯青。

在此，我们来介绍几种重要的私募股权工具的选择：

增资扩股：在原有股权结构的基础上，引进新投资者出资入股，从而增加企业的资本金，改变原有的股权结构，原股东持股比例同步下降。

股权转让：由企业的现有股东向引入的投资者转让所持有的股东权益，满足部分老股东变现的要求，融资所得的资金归转让股权的股东所有。

优先股：私募股权基金在为企业投资的同时，需要在某些权利方面优先于企业。比如，企业如果赚了钱，分红的时候，投资机构先分；而如果企业经营不良，需要出售清算的时候，投资机构则有优先权，清算赔偿要先赔偿投资机构。

可转换债：投资机构具有一定的流动性，没有成为股东。在企业经营好的情况下，就是股权；在企业经营不良情况下，就是债权。

限购股权债：投资机构不会事先进入企业，而是等企业情况好转的时候，才会增加资本，使债权转变为股权，且会增加投资。

3.4.2 战略共赢：蒙牛借力资本成就品牌神

蒙牛创立于1999年。短短八年后，蒙牛赶超伊利，成为与伊利齐头并进的奶业霸主。这八年到底发生了什么？蒙牛是如何从一家行业排行1 116位的默默无闻的乳业登上品牌大佬位置的？

我们来看一组数据：

1999年1月，蒙牛乳业有限责任公司成立，注册资金100万元。

1999年8月，蒙牛股份制改革，注册资金1398万元。

2002年，私募资本投入2.16亿元，占其不超过1/3的股权，总资产10亿元。

2003年，私募资本出资3 523.382 7万美元，购买蒙牛开曼公司未来股权。

2004年6月10日，蒙牛乳业在香港上市，发售3.5亿股，每股3.925港元。

蒙牛的钱是谁给的？我们可以看出，在1999年8月份股改之后，蒙牛依然很缺钱，此时的蒙牛，民间融资受挫，尝试香港二版上市同样困难重重。在此关头，三家私募投资者，分别是"英联"、鼎辉、摩根士坦利，先后两次投入资金约4.77亿港币。

当然，这三家私募投资者也从蒙牛这里获取了丰厚的利润，自2004年蒙牛上市之后，"英联"、鼎辉、摩根士坦利三家私募投资者，分三次售出所持有的股票获得29.74亿港元，两年之内获利5倍。

这三家境外投资者，不仅仅投入了蒙牛高度发展所需要的资金，而且还为蒙牛引入更加规范的管理体系，帮助蒙牛在财务、管理、决策过程等方面实现规范化。同时，他们的全球品牌效应和关系资源，也为蒙牛集团的国际化战略注入了更多活力，为蒙牛上市做好了准备工作。事实上，当高质量的风险基金或者其他私募基金在上市之前进入某家公司的时候，这家公司上市的过程会更平稳、顺利。

　　企业在引入私募资金时，如何吸引优质私募资本，使双方互相成就，实现战略共赢呢？企业在进行私募融资时，应注意这四方面的问题（见图3-7）：

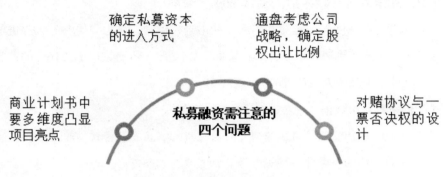

确定私募资本
的进入方式

通盘考虑公司
战略，确定股
权出让比例

商业计划书中
要多维度凸显
项目亮点

私募融资需注意的
四个问题

对赌协议与一
票否决权的设
计

图3-7　私募融资的注意事项

　　（1）商业计划书中要多维度凸显项目亮点。在商业计划书中，企业应将项目的亮点以及核心竞争力以简洁、逻辑性强的语言描述清楚，一般来说，如果将商业计划书设计成上市计划书，让投资者看到投资之后的收益与机会，私募融资相对来说就容易一些。

　　（2）确定私募资本的进入方式。企业是采取增资扩股的方式，还是采取股权转让的方式来引进私募资本，这个问题要在一开始就清晰体现。因为这两种不同的方式所面临的私募投资者的要求也是不同的。

　　（3）通盘考虑公司战略，确定股权出让比例。充分考虑公司现状以及未来目标，在此基础上，确定整体的股权出让比例。比如，一家企业有在海外上市的目标，根据海外上市规则，有的市场会要求上市公司必须有25%以上的股份公开募集才能申请上市。如果企业不希望丧失绝对控股权的话，那么，此时公司出让股权的比例不要超过25%。

　　（4）对赌协议与一票否决权的设计。私募资本在进入企业时，涉及两个重要的文件，即对赌协议和一票否决权。私募资本需要看到企业的未来如预期一样好，同时，私募资本还需要具有一票否决的权力来参与企业事务。以蒙牛为例，对赌协议中有过这样的协议：如果蒙牛在投资的第二年达不到100%复合增长，或者连续三年维持50%的复合增长，则蒙牛90%的股权归三家私募资本所有。

3.5　上市输出模式，释放商业价值

企业在进行商业模式顶层设计时，尤其是在长远发展策略方面，上市是商业模式设计必然要考虑的因素。据调查，世界五百强中，有95%左右的企业都是上市公司。事实上，这些企业几乎都是通过上市融资，通过资本运作，实现规模与效益的裂变。企业公开上市有以下好处：

广泛吸收社会资金，迅速扩大企业规模；

摊薄股权，使创业者获得创业收益；

提升企业知名度，增强企业竞争力；

有效发挥股票期权的激励作用；

增加公司透明度，提升公司声誉；

接受监管当局的监管，规范公司管理流程；

企业得到更多的发展机遇；

公司价值会得到极大程度的提升；

增加金融机构信任，降低融资成本。

很多初创企业因为公司规模不够大，公司科技含量不够高等，并因此认为自己的企业距离上市是非常遥远的。事实上，只要在设计商业模式时做好上市规划，上市并非遥不可及。

还有一些企业领导者担心上市后，财务被公开，股权被摊薄，失去对公司的控制权。但是，如果股权不分配出去，或者分配份额不合理，员工就得不到足够的激励，很难调动工作积极性。另外，投资者或其他合作伙伴的积极性也不容易调动。因此，在设计商业模式顶层上市这一规划时，应提前设计好股权激励与股权结构。

关于上市费用方面，主要包括这几部分内容：财务顾问费用、会计师费用、律师费、券商保代费。其中，上市最大的一笔费用是券商保代费部分的承销费用，范围在2 000万至5 000万。其中，承销费用中有40%在上市之前支付，60%在上市之后支付。上市之前，是PE基金支付给企业，而上市之后，是中小股民在替企业支付。

3.5.1　上市指标：华致酒行IPO两次被否案例分析

我国证券市场主要分为五大板块，即主板市场、中小企业版、创业板、新三板、柜台交易市场。不同的市场有着不同的上市标准。我们以中小企业版和创业板来举例。他们本质都是为中小企业融资和发展服务的，但它们之间也存在较多的差异（见表3-1）：

表3-1　　　　　　　　创业板与中小企业版上市条件比较

项目	中小企业板上市条件	创业板上市条件	
净利润	最近三年净利润累计超过3 000万元	标准1：最近两年连续盈利，净利润累计不低于1 000万元，且呈持续增长态势	标准2：最近一年净利润不低于500万元

续表

项目	中小企业板上市条件	创业板上市条件	
营业收入/现金流	最近三年营业收入累计不低于3亿元；或者最近三年经营现金流量净额累计超过5000万元	无	最近一年营业收入不低于5 000万元，近两年营业收入增长不低于30%
主体资格	依法设立且合法存续三年以上的股份有限公司	依法设立，持续经营三年以上的股份有限公司；公司为成长型创业企业；具有自主创新的企业会获得重点支持	
董监会/管理层/实际控制人	最近三年内董事、高级管理人员无重大变化，实际控制人无变更。高管不能在最近36个月内收到中国证监会行政处罚，或者最近12个月内受到证券交易所的公开谴责	最近两年内主营业务、董事、高级管理人员均无重大变动，实际控制人无变更现象	
同业竞争、关联交易	与控股股东、实际控制人以及其控制的其他企业间不得有同业竞争，募集资金投资项目实施后，不会产生同业竞争或者对发行人的独立性产生不利影响	与控股股东、实际控制人以及其控制的其他企业间不存在同业竞争，以及严重影响公司独立性或者显失公允的关联交易	
发行后股本	发行后总股本不得低于5 000万股	发行后总股本不得低于3 000万股	

　　证监会在审核企业上市问题时，最为关注的指标有两个，一是企业是否具有较强的成长性，二是企业是否是可持续发展的。

　　从成长性的方面来说，许多企业上市被否，是因为利润率增长不足。比如，有这么两家企业A与B，第一家企业第一年盈利3 000万元，第二年盈利3 100万元，第三年盈利2 600万元。而第二家企业，第一年盈利200万元，第二年盈利1 000万元，第三年利润3 000万元。那么，第一家企业的IPO会被否，而第二家企业的IPO会通过。为什么？第一家企业净利润增长率太低，甚至呈负面增长态势，完全不符合成长型企业标准。而第二家企业，净利润增长率呈爆发态势，显然是典型的成长型企业。

从企业可持续性发展方面来说，证监会不仅会看企业利润情况，也会看企业动用了多少资源、资产收益率情况以及动用了多少股东权益资源。证监会还非常看重企业的发展空间，不仅现在的发展空间要大，未来的发展空间也要大。

我们以华致酒行为例。如今，茅台市值突破6000亿元大关，中国酒业一时万众喧腾。华致酒行在2012年首次IPO被否逾5年后，2017年华致酒行再次向资本市场发起进攻，结果惨淡收场。华致酒行为什么两次IPO都失败了？

先说华致酒行第一次IPO失败。华致酒行2010年净利润为3.33亿元，2011年净利润为5.5亿元。大股东吴向东除华致酒行外，还有其他53家与酒相关的公司。华致酒行的三大PE为新天域、KKR和中信产业基金。

虽然华致酒行业绩很漂亮，但还是被否了。华致酒行被否的原因在于：高管变动频繁，华致酒行的11个董事，换了10个，七个副总，换了6个；华致酒行股权不清晰，存在对赌协议。

而华致酒行第二次IPO被否，则因其关联交易依旧存在、对白酒类产品过度依赖、资产流动性欠缺等因素，被认为公司未来前景存在一定的不确定性。

3.5.2　股权设计：湘鄂情缘何发生巨额亏损

湘鄂情的创始人孟凯，18岁做车间工人，19岁下海经商，娶了一个湖南姑娘，有了一段"湘鄂情"。因此，在他1995年于深圳蛇口开餐馆时，将饭店命名为"湘鄂情"。由于经营有方，湘鄂情迅速由四张桌子的小排档，变成了一座1 000多平方米的酒楼；又由1 000多平方米的酒楼发展为全国高档餐饮业的领军品牌。2002年时，北京湘鄂情的年营业额达5 500万元，成为最赚钱的饭店之一。到了2008年底，湘鄂情在全国拥有直营店13家、加盟店8家，全年销售额达到6.12亿元。

2009年，湘鄂情上市，当天，孟凯的身价也随之水涨船高，以39.37亿元问鼎餐饮界首富。但好景不长，到了2013年，湘鄂情开始巨额亏损，原因较多，其中最为重要的原因是上市之前股权设计不合理。湘鄂情在上市之前，给了170人股权激励，包括厨师、店长。但上市之后，厨师突然发现自己手头多了500万元，于是再也没有心思安心炒菜了，店长也是，大家都想尽快套现，好进行自己的事业去。而孟凯的日子也不好过，他逐渐失去了对公司的控制权，到了2018年，这个昔日的餐饮业首富被踢出了自己一手创建的公司。

企业在上市之前，必须做好股权规划，否则随着后期不断融资稀释，公司会出现股权纠纷、丧失机会、失去控制权等情况。因此，如何在释放稀释过程中不丧失控制权，是企业上市之前进行股权设计的一个最为重要的原则。公司的控制权可分为四个层面（见图3-8）：

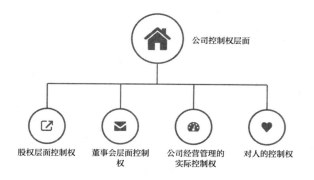

图3-8　公司控制权层面

从股权层面控制权来说，随着公司融资的不断壮大，创始人股份会被不断稀释，因此，为了保持创始人对公司的控制权，可以将其他部分股东股权中的投票权分离出来，交给创始股东来行使。方法主要有四种。

（1）掌握半数以上的股权比例。核心创始人要持有公司至少51%的股权，为保险最好可以达到67%。

（2）投票权委托或一致行动人协议。在核心创始人不掌握多数比例股权的情况下，也可以通过投票权委托和一致行动人协议，使其他股东的投票权变相地集中到核心创始人身上。

（3）有限合伙持股：通过有限合伙持股的方式，可以让股东不直接持有公司股权，而是把股东都放在一个有限合伙里面，让这个有限合伙持有公司股权，使股东间接持有公司股权。

（4）境外架构中的"AB股计划"。在境外注册的公司，可以使用"AB股计划"，也就是用"同股不同权"制度来确保创始团队的控制权。

从掌控董事会控制权方面来说，核心创始人控制了董事会就等于控制了公司的日常经营管理。核心创始人必须占有公司董事会大部分席位，以此来保障决策的效率与结果。比如，传言的京东总裁刘强东在首轮投资合同中就已经约定大致内容：刘强东在董事会中占多数席位，并有充分的自信带领公司前进，没有任何一个投资人可以取代。

从公司经营管理的实际控制权方面来说，企业创始人控制法定代表人职位、掌握公章和营业执照是最基本的要求。掌握了这些，企业创始人才能随时地介入公司的经营和管理。

从对人的控制权方面来说，人才是公司尤其重要的资源，在公司上市之初，创始人要利用正确的股权激励方法来达到激励人才的目的。激励员工持股的方式主要有两种：第一，个人直接持股；第二，通过持股平台间接持股。直接持股一般在12个月之后就可以间接解禁流通。使用这种方式处理不当，很容易引起员工的股权纠纷或者是员工直接套现走人。现在较为普遍的做法是，员工股自愿承诺锁定三年，三年后可以自由流通。高管股可以每年卖掉25%，但是如果辞职、不再任职，就可以全部卖掉。

在持股平台持股方式中，员工并不直接持股，而是通过一家法人公司来体现。采用这种股权激励方式的拟上市公司占到80%左右。虽然这种方式对于员工来说，未必是比较好的，但是这种股权激励设计方式对公司长远发展有着积极的作用。

第四章

定位：按下上瘾按钮，争夺心智资源

著名品牌战略家杰克·特劳特说："商业成功的关键，是在顾客心中变得与众不同，这就是定位。"那么，产品品牌如何按下上瘾按钮，争夺消费者心智资源呢？产品或品牌必须找到进入消费者心智的捷径，在此基础上，锁定心智空位，利用聚焦、感官、口碑、上瘾模式等策略占领消费者心智高位，开启产品的上瘾模式。

4.1 找到进入用户心智的捷径

如今，消费者处于产品品类过度传播的时代，任何人在找一件产品时，可供选择的同类产品都有几十种甚至上百种。甚至是汽车这种高价产品，人们的选择也可以是多种多样的，诸如奔驰、宝马、福特、现代、本田、丰田等。

哈佛大学心理学家乔治·米勒认为：普通人的心智不能同时处理7个以上的单位。因此，面对复杂的产品品类，对于同一种产品来说，最终能进入消费者心智里的最多只有7种。营销战略大师特劳特更是给出了"二元法则"的理念，他说："在每个品类中，最终只会剩下两个品牌主导整个品类。比如可口可乐和百事可乐、麦当劳和肯德基、上帝和魔鬼。"

简单来说，哪种产品最先占据消费者心智的有利位置，它就是最终的胜利者。按照特劳特"定位"的理论来说，占据消费者心智的方法有三种（见图4-1）：

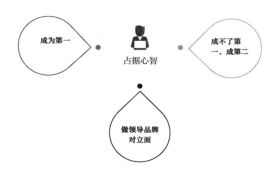

图4-1 占据消费者心智的三种方法

（1）成为第一。世界上第一高峰是珠穆朗玛峰，第一位登上月球的人是阿姆斯特朗，可是，第二高峰是哪座？第二个登上月球的是谁？"第一"一旦潜入人们心智，"第二"和"第三"就黯然无光。可见，品牌成为品类的创新者，抢占消费者第一印象，有助于帮助品牌成为品类代表。

新品类的来源主要有四种：技术创新、聚焦市场、借助新概念、寻找进入市场但没有进入心智的新品类。以聚焦市场为例，格力并不是第一家制造空调的企业，但却因为其长期以来专注制造空调而逐渐成为空调行业的领导品牌之一。

（2）成不了第一，成第二。第一品牌占据着很大部分的市场份额，从历史数据来看，第一品牌是第二品牌的2倍，第二品牌是第三品牌的4倍左右，而第三品牌则是第四品牌的8倍。因此，企业在为自己的品牌定位时，如果不是第一，也可定位为第二，做一个第一品牌的追随者。比如，在20世纪60年，美国的安飞士出租车公司有这样的文案："我们是第二，所以我们更努力。"在此之前，安飞士一直处于亏损状态，而在此之后，安飞士突然就开始盈利，并且真的成为美国第二出租车公司。

（3）做领导品牌对立面。对立面战略是一种"借力"策略，即现有品牌站在领导品牌对立面，借力于领导品牌，使消费者将这两个品牌进行关联，进而对此品牌有更深的心智认知。宝马就是采用了这种对立面战略，奔驰注重乘坐的体验感，而宝马则反之道而行之，偏重于开车的体验感，这种策略使宝马一下子进入了消费者的心智之中，迅速成为全球豪华车的第一品牌。

4.1.1　成为第一：可口可乐一个配方卖了132年

一提起聊天，人们第一想到的就是使用QQ或微信；当人们想搜索信息时，不假思索地使用百度或谷歌；当人们为了避免上火选择饮料时，必然会选择王老吉或加多宝。

事实上，聊天工具并非只有QQ与微信；搜索引擎除了百度、谷歌，其他引擎也不少；而不上火的饮料则更多了，一些蔬果汁类饮品也有同样的效果。但为什么在上述情景里，无意识地浮现在人们脑海里的是它们？

这是因为这些品牌已经占据了消费者心智的第一位置，在消费者下意识里，这些品牌已成为品类的代名词。诸如：QQ、微信＝聊天；海飞丝＝去屑；王老吉、加多宝＝不上火。

认知心理学先驱乔治·米勒认为：人们在认知信息的过程中，通常会简单地将信息分类，然后加以命名，最后存储的是这个命名而非信息本身。消费者的品牌认知也是这样的心理认知流程。被消费归类为一类的品牌，就被消费者理所当然地认为它等同于品类，也就是说它就是品类的代表。

可口可乐前董事长伍德鲁夫说过一段广为流传的话："假如我的工厂被大火毁灭，假如遭遇世界金融风暴，但只要有可口可乐的品牌，第二天我又将重新站起。"伍德鲁夫的自信与底气来自可口可乐在消费者中碳酸饮料第一品牌的定位。这种定位，就连可口可乐自身都难以撼动。那么，可口可乐是怎样一步步成为人们心智中碳酸饮料第一品牌的？

在1892年，可口可乐为了使商标占据消费者心智，采取了很多促销活动，还会赠送像日历、时钟、明信片、剪纸、雕花镜等礼品。可口可乐还要求瓶身与众不同、独树一帜，能够轻易辨识，就算被摔碎，也能让人一眼认出，因此，可口可乐典型的曲线玻璃瓶诞生了。1919年，可口可乐打开了国外市场，此时，可口可乐更强调瓶装和杯装产品的品质。二战后，可口可乐成为美国文化的典型代表，以迅雷不及掩耳之势风靡全球。

当然，这些策略只不过是锦上添花，可口可乐最核心的品牌策略是——神秘配方。可口可乐始终对关键的不足1%的部分配方守口如瓶，从而大大增加了可口可乐的神秘感。可口可乐神秘配方使得它能对全球分公司采取授权生产方式，使得全世界可口可乐口感上保持一致，配方中神秘的七种味道逐渐成为一种"品牌信仰"，使消费者感受到品牌的忠诚，进而更愿意忠诚于品牌。

4.1.2　第一品牌追随者：蒙牛一开始就定位第二

很多企业在进行产品或服务宣传时，都会说到诸如"行业第一品牌""一线品牌"等，态度上很是自信张扬。这种自我标榜显然因为过于泛泛而难以引起目标消费群的关注。另一方面，消费者心中如果有了其他品牌的定位标准，这种宣传方式还容易使他们反感。

相反，如果谦虚一点，承认自身的局限性，承认与一线品牌的差距，或者承认与行业领先者的差距，才更容易赢得特定消费群。品牌成为行业第一品牌或品类中的第一名固然是产品吸引引消费者的捷径，但如果做不到第一，成为第二，做第一品牌的追随者，照样可以抢占消费者心智中的位置。

第二的定位，其实是走差异化路线，找到细分领域，瞄准了第一之外的竞争空白，利用"第二"来引起消费者的兴趣与关注。这种定位方式使消费者通过体验"第二"与众不同的产品服务与性价比，从而成为"第二"的忠实客户群。

蒙牛在成立之初，没有工厂，没有品牌，更没有市场。在这种情况下，蒙牛采取了这种策略来抢占消费者心智资源。蒙牛先做市场，1999年5月1日，呼和浩特市一夜之间就多了500张广告牌。蒙牛企业的宣传语是："发展乳品行业，振兴内蒙古经济""做内蒙古第二品牌""为民族工业争气，向伊利学习"。

蒙牛认为：在消费者看来，第二是离第一最近的品牌。消费者知道当年伊利销售额是非常高的。而标榜老二，消费者自然而然也会对这个品牌感到好奇。在合作伙伴看来，这个新品牌是比较谦逊的，他们更愿意与蒙牛合作。就这样，蒙牛还没有卖出产品，就已经抢占了部分消费者心智。

时间证明，蒙牛的这一战略是有先见之明的。在2018年，BrandZ的"最具价值中国品牌100强"榜单中，伊利和蒙牛，一个品牌价值第一，一个品牌贡献第一。蒙牛依靠"做行业老二"的定位，成功做到了行业老大的位置。

4.1.3　第一品牌对立面：看江小白如何异军突起

并非人人都能成为领袖，当然，也并非每个品牌都能成为某个品类的第一名。当某些产品或品牌早就深入消费者心智之中后，在同一品类中，新的产品又该如何脱颖而出，重新占领消费者心智？

答案就是做第一品牌的对立面。当同一品类市场已经成为一片红海时，不要去追逐、复制其他品牌的路径，最好的方式是"转头朝着相反的方向走"。

江小白白酒品牌的异军突起可谓是2017年的商业模式下的网红事件。我国传统的白酒市场长期处于饱和状态，竞争激烈，一片红海。江小白之所以能火起来，与它站在一线品牌的对立面的定位是分不开的，我们从三个角度来分析。

（1）目标客户群角度。传统白酒行业，尤其是一线品牌，都是以历史文化作为诉求点，以高端、大气、显赫、尊贵为产品营销的着力点。很显然，对于年轻一代来说，这种宣传显然并不会与他们的需求相契合，客户群只能是年龄偏大人群。而江小白笼络了大批80后、90后。这个目标客户群的典型特征就是青春、时尚、有活力、有个性、追求轻松简单的生活。江小白通过为这个目标客户群量身定做产品，成功实现了白酒品牌在年轻群体中的崛起。

（2）口感与包装角度。江小白白酒酿造手法遵守传统，有浓香、酱香、米香、清香等多种口感，消费者还可以加红茶、绿茶、冰块等来制作混合饮料。这种产品特征大大满足了特定消费群体的口味需求。在包装方面，江小白有反奢侈主义理念，坚持"简单纯粹，特立独行"的品牌精神。江小白包装简洁，一扫传统白酒奢华的风格，采取了青春、时尚、简单的男孩卡通形象，再配上幽默轻松的文字，使消费群体产生强烈共鸣。

（3）宣传渠道与文案角度。从宣传文案方面来说，江小白的"我是江小白，生活很简单"切中了无数城市青年的内心感受，他们在日复一日的忙碌与奋斗中，多么希望生活能够简简单单。再比如，"亲爱的小娜：成都的冬天到了，你在北京会冷吗？今天喝酒了，我很想你，一起喝酒的兄弟告诉我，喝酒后第一个想到的人是自己的最爱，这叫酒后吐真言吗？已经吐了，收不回来了"。可以说，江小白的文案非常走心。江小白渠道宣传方式也与传统白酒截然不同，它持续打造"我是江小白"的品牌IP，充分利用互联网，通过微博、社区、论坛等社群活动与消费者互动，进行口碑传播，迅速占领大批消费者心智。

4.2　锁定心智"空位"，开启高效产品模式

阿里的产品商业模式解决了人们的购物问题；腾讯的商业模式解决了人们的社交问题；百度的产品商业模式解决了人们的搜索问题。摩拜共享单车的产品商业模式解决了人们便利高效出行问题。有价值的商业模式本身就是能为人们解决他们所抱怨的问题，正如马云所说："哪里有抱怨，哪里就有机会。"而这些人们有抱怨的地方，其实也就是产品的"有效空位"。

全球顶级企业战略专家，定位之父艾·里斯和杰克·特劳特在他们的《定位》一书中指出：在潜在的客户的心智中"找空位"是企业营销领域中的最佳战略之一，空位有用与否，不一定非得看它是否令人振奋、引人瞩目甚至对顾客十分有利。要在人的心智中"找空位"，只要能创立一个你就是第一的认知，你不是第一也能成功。潜在客户心智中的空位一般包括：高价空位、低价空位、功能空位、市场空位、年龄空位、性别空位、美学空位等。

比如，加多宝凉茶利用了功能空位，是一个将自己定位为"凉茶"的饮品；劳力士手表是价值昂贵的手表，它对等了客户的高价空位心理；作为跟随者的唯品会，潜入了市场空位，定位为"一家专门做特卖的网站"等。

在寻找客户心智空位时，你要注意避免这种思维陷阱，即：同时覆盖消费者所有定位，总会有一个能切合消费者心理需求，这会导致卖点营销最终陷入僵局。你应该怎么做呢？

艾·里斯和杰克·特劳特认为：要想找到空位，你必须具有逆向思考的能力，反其道而行之，如果人人都朝东走，那就看你能不能找到一个空位往西走。

所谓逆向思维，即指打破固有思维模式、突破常态的一种思考问题的方法。逆向思维可分为三大类型（见图4-2）：

反转型逆向思维

转换型逆向思维   缺点型逆向思维

图4-2 逆向思维的三种类型

（1）反转型逆向思维。朝市场上已有产品相反的方向（功能、价位、结构、因果关系等）思考，产生新构思。

（2）转换型逆向思维。转变思考角度或使用其他手段来凸显产品优势。

（3）缺点型逆向思维。将产品缺点转化为优势，化被动为主动，化不利为有利。

接下去，我们来详细解说，如何以逆向思维迅速找到产品与消费者心理空位的最佳契合点，创造出超级商业模式。

4.2.1　反转型思维：喜茶高价位、差异化打造网红气质

反转型逆向思维营销是逆向思维营销中运用最多的思维方式。它的思维特点是——反向思考。通过走一条相反的营销路线，达到出人意料的营销效果。

2012年，喜茶诞生于广东江门一条小巷，最初装潢简单，门店面积也很小。短短几年时间，融资后的喜茶逐渐成为网红爆品。2016年，喜茶获得知名投资机构IDG资本以及知名投资人何伯权的共同投资，融资金额超1亿元。2017年2月，喜茶在上海人民广场开了第一家门店，首家门店平均每天卖出近4 000杯，在开店当日，还出现排队7小时的盛况。如今，喜茶分店超过50家，已经成

为现象级新式茶饮品牌。

我们不妨以波特五力分析模型来分析喜茶当初面临的市场环境。波特五力是由迈克尔·波特(Michael Porter)于80年代初提出的企业战略分析模型，主要用来分析企业所在行业的竞争格局以及本行业与其他行业之间的关系（见图4-3）：

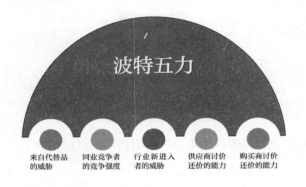

图4-3　波特五力分析

（1）替代品的威胁。决定替代威胁的因素有：替代品的相对价格表现、转换成本、客户对替代品的使用倾向。

在茶饮行业，茶饮种类繁多，凉茶、糖水、甜品、豆浆等所有饮料都可以成为奶茶类饮料的替代品。奶茶饮品同类之间，价格又类似，转换成本低，消费者转向替代品难度低，替代品威胁大。

（2）同业竞争者的竞争强度。影响行业内企业竞争的因素有：产业增加、固定（存储）成本、产品差异、信息复杂性、公司的风险、退出壁垒等。

在茶饮行业，同类商家数量庞大，消费者需求程度高，同行业或交叉行业里，产品普遍价格不高，且都有受到消费者青睐的卖点。

（3）行业新进入者的威胁。影响潜在新竞争者进入的因素有：经济规模、资本需求、分销渠道、绝对成本优势、行业内企业的预期反击、政府政策等。

奶茶行业品牌忠诚度低，资金投入少，转换成本不高，但却有一定的阻碍因素和政策的约束，因此，进入壁垒一般。在退出壁垒方面，固定资产专业化和安置费用不高，协同关系不密切，因此退出壁垒不高。

（4）供应商的讨价还价能力。决定供应商力量的因素有：投入的差异、替代品投入的现状、供应商的集中程度、投入成本、企业整合资源的能力等。

市面上的奶茶店多属于加盟店，原料市场上，奶茶原料供应商很多，供应商讨价还价能力低，且供应商所提供的原料并没有突出之处。

（5）购买商的讨价还价能力。决定购买者力量的因素有：买方的集中程度、买方的数量、买方转换成本、替代品、价格、质量、买方利润、决策者激励等。

在奶茶行业，由于奶茶店多，消费者处于主动地位。

从对奶茶行业五种竞争力量的综合分析，可以看出喜茶诞生之初，茶饮业市场环境可以说是已经趋于饱和，呈现出红海状态。喜茶通过对市场的精准把握，利用逆向思维另辟蹊径。

喜茶采取高价位策略切入消费者心智空位，喜茶的定价比一般奶茶高，在20元~30元之间。喜茶是第一个在奶茶行业建立较高价定位的茶品，正是这种化被动为主动的决策，使其具备了一定的优势。

但是高价位必须要以差异化作为支撑点，喜茶的差异化在于拥有自己的种植基地，在茶叶配比、生产工艺方面不断进行研发，保证品牌的独特口感。喜茶还在传统制作工艺的基础上添加了芝士奶盖、抹茶粉等创新因素，同时还提供低脂低糖品类等。喜茶茶品的差异化与它的高价空位环环相扣，有效占据了顾客心智空位，持续走红。

4.2.2　转换型思维：一年只营业一天的520分手花店

转换型逆向思维营销方式，简而言之就是换位思考式的营销方式。一般正向营销思维是沿着人们惯性思维相关性的思路思考，而转换型逆向营销思维以正向思维为参照、为坐标进行分辨，通过转换思考的角度来寻找其他思考路径。

快闪店的悄然走红就是利用了这种逆向思维。快闪店的雏形是传统的展销会，而如今，它们融入时尚、潮流、来去匆匆等元素，以"消逝、限量"反思维营销为主要模式。

我们以520快闪店为例。在每年的5月20日，线上线下商家都会放出一些大招博消费者眼球，但是与传统电商、商场和超市等购物场所不同的是，位于上海静安区的快闪店"520分手花店"只在这一天营业，日销鲜花近10万支。

520分手花店与传统花店相比，它的思维方式完全不同（见图4-4）：

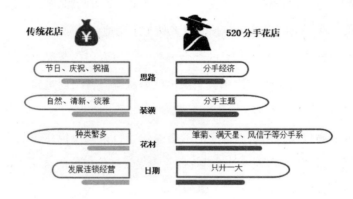

图4-4　520分手花店与传统花店营销思维模式比较

520分手花店利用这种逆向营销思维，从用户角度出发，发掘用户痛点，以用户喜爱的方式来慰藉广大的年轻消费人群。时效性短、过期不候以及独特的客群体验感等，这些逆向营销元素使得产品的卖点更为凸显，极大地刺激了年轻消费人群的购买欲。

4.2.3　缺点型思维："小且丑"的甲壳虫如何突围

缺点型逆向思维商业模式并不是以客户产品本身缺点为目的，相反，恰当转化产品的缺点，就能化弊为利，使其变为最大的优势。

大众甲壳虫最初就是利用这种逆向思维商业运作方式拓展市场的。20世纪60年代，处于婴儿潮末期的美国家庭孩子们日益增多，汽车公司推出的多是车型宽、大、长的汽车。而此时，德国大众甲壳虫汽车借助DDB广告公司成功进入美国市场。当然，甲壳虫汽车给消费者的感觉是——小且丑陋。甲壳虫在开拓市场方面面临一些困境（见图4-5）：

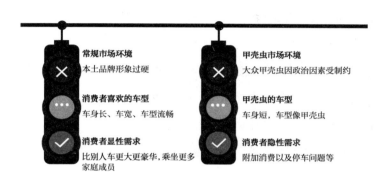

常规市场环境
本土品牌形象过硬

消费者喜欢的车型
车身长、车宽、车型流畅

消费者显性需求
比别人车更大更豪华,乘坐更多
家庭成员

甲壳虫市场环境
大众甲壳虫因政治因素受制约

甲壳虫的车型
车身短,车型像甲壳虫

消费者隐性需求
附加消费以及停车问题等

图4-5　甲壳虫市场分析

按照常规思维模式，受雇于大众汽车公司的DDB广告公司的策略应该是：在广告中通过美化拍摄效果，弱化"小且丑陋"的缺点，凸显产品优势。但是，DDB公司跳出这种常规思维，用"Think Small"这则激进前卫的广告，使甲壳虫成功地占据了消费者的心智空位。

"当你挤进狭小的停车场时，当你更换那笔少量的保险金时，当你支付修理账单时，或者当你用旧大众换新大众时，请想想小的好处"。

甲壳虫这则"Think Small"营销广告的好处在于：找到了当时美国汽车长、宽、大的不足之处，将自己的弱点转变为最大卖点，使当时客户的思维"转了个弯"，填补了客户心智空位，迅速在美国市场脱颖而出。

4.3　品牌聚焦：化繁为简VS高段位放弃

公元前231年，强大的罗马帝国企图征服弱小的叙拉古国。双方力量对比悬殊，叙拉古国迫于自身实力所限，只能采取防守策略。经过几个月激烈的攻防战之后，叙拉古城邦中士兵多已负伤，守城武器也极端匮乏，全城陷入一片恐慌之中。此时，阿基米德召集城邦里的妇女儿童们来到城上，每人手持镜子，集中照射罗马战船白帆。不久，白帆开始冒烟，随即燃烧起来。火随风势越来越大，很快，相邻的船只也着了火。罗马军慌乱之中不知所措，有的跳水被淹死，有的被火烧死，还有的互相踩踏而死，剩余数量不多的罗马军狼狈败北。

阿基米德所使用的就是聚焦原理，通过凹面镜聚焦阳光，使其温度升高数倍，而后投射到易燃物上便能将其点燃。这一理论在军事、经济、社会、商业等领域也得到了广泛运用。

从商业的角度来说，所谓聚焦策略，即通过有效、合理的市场细分寻找"空白市场"，设计独特的产品概念，用最集中的形式进行统一整合的市场推广和传播，打动和影响消费者，进入消费者心智，使得消费者成为该产品的忠诚粉丝。从聚焦内容上来说，聚焦营销策略可分为产品聚焦与资源整合聚焦。具体模型如下（见图4-6）：

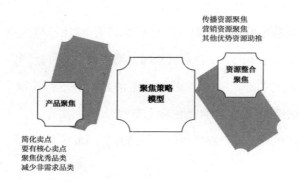

图4-6　聚焦策略模型

从产品聚焦的角度来说，企业向客户传达产品或品牌信息的过程中，如果传达很多卖点，诸如功能优势、外观造型时尚，提供哪些服务……那么，客户反倒会认为这款产品或这个品牌毫无吸引力。产品或品牌没有卖点，吸引不了客户；但是，如果产品或品牌的卖点多了，会物极必反，使得客户产生疑虑。

从资源整合聚焦的角度来说，企业在推广新产品时，如果资源过于分散，或者推出更多产品希望全面开花，那么，企业就会受到自身限制，很难集中优势资源来进行产品或品牌商业模式的创新，产品或品牌因缺乏与消费者相匹配的卖点，而无法占据消费者心智中的位置。

因此，企业在通过聚焦战略进行商业模式创新时，要注意两个基本点：一是化繁为简；二是战略性放弃。

4.3.1 化繁为简：德国阿尔迪超市的极简主义

消费者每天都要接受大量铺天盖地的信息，消费者的心智逐渐疲累。因此消费者接受产品的思维也发生了变化，开始趋于简单。

全球顶级营销专家杰克·特劳特认为：在传播过度的社会中，人的唯一防卫力量就是过度简化的心智。普通的心智像滴水的海绵，充满了信息。只有把已存的信息挤掉，才有空间吸收新的信息。应对传播过度的社会最好的方法就是尽量简化信息。传播和建筑一样，越简洁越好。一定要"削尖"信息，使其能切入人的心智；抛弃意义含糊、模棱两可的词语，简化信息。

我们来看产品或品牌切入客户心智的流程（见图4-7）：

图4-7 品牌切入客户心智的流程

以德国阿尔迪超市简洁营销模式为例。创建于1948年的阿尔迪超市是德国最大的连锁超市，在全球已拥有6 800多家分店，在德国的分店有4 000家。从全球规模来比较，德国阿尔迪超市可以说是世界上最大的食品杂货店。它营销上的成功最大的因素就是——坚持简单。阿尔迪的基本营销策略如下：

（1）一般在大型超市，商品超过2万种。而阿尔迪却只专注700种最常被购买的商品，商品品类简约。

（2）只出售同一品类的一款明星产品，这样不仅容易对产品的质量和价值进行掌控，而且运输和处理简单化。

（3）采取无理由退货法，使客户对产品放心。

（4）在采购、物流、管理环节，精减成本，使部分区域销售利润达到9.3%。

（5）不设对外公关部，只做宣传单这种简单的广告宣传，广告投入仅占营业额的0.3%。

店面装修简朴，超市内部不设货架，商品就放在纸箱里。

（6）在客户服务方面，专注于向客户提供质优价廉的产品，"从不提供不必要的服务"。

（7）阿尔迪经过测试发现，找零钱的时间会影响销售。因此，阿尔迪将产品价格进行简化，位数为0~0.4马克的商品，收款时简化为0马克，位数为0.05~0.09马克的商品，收款时简化为0.05马克。

阿尔迪的极简销售方式，简化了消费者的选择程序，提升了营销效力，有效地抢占了消费者心智，并且将消费者购买力提升了数倍。

4.3.2　战略性放弃：滴滴的高段位放弃

1951年，英国统计学家辛普森提出了"辛普森悖论"，即在分组比较中都占优势的一方，反而会在总评中丧失优势。什么意思？简单表述，虽然你多次都能赢，但是从大趋势来看，反而因为这些小赢而失去了大赢的机会。

在商业模式领域，辛普森悖论同样适用。真正的商业模式创新高手，其实并不是每一次都能小赢一把的人，而是一种经过深思熟虑之后，进行高段位战略性放弃的人，他们会战略性放弃眼前的蝇头小利，专注于提升核心竞争力，致力于做那些"更少但更好"的事。

所谓战略性放弃，即为了实现最根本目标，需要在当前舍弃或搁置一些不重要的目标、集中有限的资源与力量、攻克最重要的目标的行为。战略性放弃是一种顺应变化发展的高效能策略思维。

以滴滴出行为例，滴滴App在刚推出的时候，网约车行业的环境是：整个行业都是通过烧钱补贴抢占市场与用户，很多网约车只要用户很少的钱，甚至是不要钱，还要给用户红包。

滴滴的App当时的名字是"滴滴打车"，上面只有最为简单的叫车功能，并没有用户使用体验、快车、专车等功能。而且当时滴滴打车针对的还是出租车。除了因为是初创公司没有足够的资金支持之外，更为重要的原因是，滴滴认为：过多的功能非但不利于滴滴用户的快速增长，反而会成为滴滴发展的阻碍。

滴滴在最初的目标很简单——活下去，尽可能多的抢占市场份额，保持用户快速增长，持续融资。为此，滴滴CEO带头集中优势力量去做App的推广，他们约一个个出租车司机交谈，教给司机们使用滴滴打车App。而在线上，滴滴通过高额补贴吸引大量用户，提升用户黏性。而当滴滴抢占到巨大的市场份额，发展到足够强大时，它再回头做好产品设计与用户体验的升级。

那么，企业的战略性放弃策略如何施行才能成功推进商业模式革新呢？可以分三步来进行（见图4-8）：

图4-8　战略性放弃决策模型

（1）界定目标。即根据目前企业所处阶段以及大环境，找到企业或产品的根本目标。比如，初创阶段的企业，目标就是有稳定的用户增长，，再明确哪些是应该放弃的，哪些是必须坚持下去的。

华为在成立之初以"生存"为目标，代理了香港鸿年公司的HAX模拟交换机，赚取了第一桶金，也形成了自己的营销队伍、市场和风格。在这个基础上，华为再建立自己的研发团队，开发用户交换机。

（2）评估选择。面对取舍，可以用"If Not"模型。"If Not"模型的意思是，如果不这么做，产生的结果能否被接受，是否对执行根本目标产生影响。举例来说，一家线上职业教育培训机构要为学员提供线下体验课堂，有三种选址文案：一是郊区学院附近，人文环境好，但装潢一般，附近公司少；二是周边位于繁华市区，商业繁荣，人文环境一般，装潢一般，附近公司多；三是位于郊区，既缺乏人文环境，商业也不发达，装潢高大上，自然环境较好。

这其中设计到的评估因素包括：课堂自身装潢、周边环境、周围学院覆盖范围等因素。用"If Not"模型来评估这些选择。如果不选第一种，会产生什么样的影响？如果不选第二种，会产生什么样的影响？如果不选第三种，会产生什么样的影响？根据根本目标来综合分析，会发现与根本目的最为契合的选项是第二种，第一种和第三种就会被战略性放弃。

（3）执行计划。企业一旦做出战略性放弃的决定，就要为这个目标搭建一个执行系统。以北汽为例，过去十年，北汽通过大规模扩张、收购等，打造了一个"大北汽"的体系，战略性放弃了严重拖了后腿的绅宝、银翔等，以"高、新、特"为思路，聚焦在新能源与北汽越野两大板块。新成立的北汽越野，细化车型品类，仅成立半年的销量都增长了61%；而北汽新能源则成长为北汽集团的主力支撑，以昌河为基地，打造城市新能源物流车生态圈。

4.4 爆品本质＝极致＋口碑

上海永嘉路阿大葱油饼，被人们称为"葱油饼中的爱马仕"。阿大葱油饼20分钟一锅，一锅只有10个，一天只做300个。每天来买葱油饼的人排着长队，大多时候，需要排队两三个小时，才能买到外边香脆、内里软嫩、夹杂着猪油和葱花的香气的葱油饼。阿大的葱油饼为什么能火到这个程度？

阿大是普通得不能再普通的上海爷叔，他从20世纪80年代开始做葱油饼，已经做了30年。阿大每天凌晨2点多起床，到店里准备两到三小时，在清晨五六点钟开门迎客。阿大的葱油饼油酥、小葱料足，而且阿大葱油饼还有一道传统工序，就是：做完葱油饼后，将饼放到炉子里烘，用明火将饼上的浮油烧掉。经过这道工序，葱油饼就不会油腻。

不过，这道工序比较耗费时间，很多做饼的生意人都将这道工序略去了，但阿大却始终坚持，这样既保留了传统葱油饼的美味，又能将不起眼的葱油饼做到了极致。有了做到极致的葱油饼，再加上口口相传的好口碑，阿大葱油饼没道理不火。

其实，企业做爆品也是这个道理。一是要做出像阿大葱油饼一样趋于极致的产品；二是需要能够引爆互联网的口碑。在传统工业时代，依靠单一的产品很难产生规模效应。而在互联网时代就不同了，一旦将一款产品做到了极致，就能迅速占领市场。如果产品能够给用户很大的参与感与体验空间，产品就会口口相传，迅速引爆互联网口碑。

4.4.1　做极致产品：凯叔讲故事缘何击中千万宝爸宝妈的心

如何将产品做到极致？360总裁周鸿祎认为：做产品，必须落脚在刚需、痛点、高频这六个字上。什么意思？就是产品必须是用户的刚需，必须解决用户痛点，而且使用场景要在用户的生活中经常发生。

你应该清楚，你的产品对于客户来说，是"可以有"，还是"必须有"。如果客户并不是很迫切需要你的产品，那么，由于可代替性强，产品在进入市场之后，就会遇到诸多的难题。如果客户真的迫切需要你的产品，客户不用你的产品就会对生活、工作、学习等诸多方面产生消极影响，你的产品能解决客户的一级痛点，给客户带来好的体验，且客户有高频使用的需求，那么，产品即便有一些小小的缺陷，客户也愿意接受。

以持续走红的互联网平台"凯叔讲故事"为例。2014年，王凯创立凯叔讲故事微信公众号，之后短短两年时间，微信粉丝就达到400万人。2016年，王凯与朱一帆共同打造"凯叔讲故事"App，又是用了仅仅两年时间，粉丝人数达到1 400万人以上。2017年，凯叔讲故事B轮融资9 000万元人民币，2018年，B+轮融资1.56亿元人民币。"凯叔讲故事"为什么会迅速成为一款爆品？我们来看凯叔讲故事的商业模式盈利点（见图4-9）：

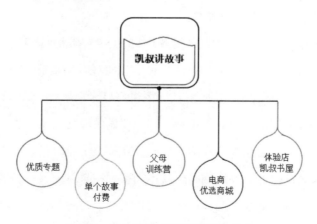

图4-9　凯叔讲故事商业模式盈利点

"凯叔讲故事"暂无广告无会员，持续打造优质专题内容以及单个故事付费；凯叔讲故事的父母训练营是线上课程和线下付费参加培训相结合的方式；用户从凯叔讲故事电商优选商城中可以购买感兴趣的故事产品，诸如，匠心独具的产品：凯叔西游记、小诗仙、小词仙等随手听。线下体验店"凯叔书屋"是对线上听故事与线下卖故事的顺畅链接，进一步提升了用户的参与感，强化了用户的体验感。在这五个商业模式盈利点中，核心点就是持续生产高质量故事，而其余几点都是在此基础上的延展。

凯叔讲故事的产品场景化尤为突出。在凯叔讲故事创业之初，很多用户反映凯叔讲故事过于生动，孩子听着太兴奋都睡不着。于是凯叔开始反思用户场景，他通过后台数据发现用户数量在8点之后会形成一个陡峭的波峰，而在11点半之后，数据才开始回落。他还发现绝大多数家长给孩子们听故事的目的就是哄睡。凯叔讲故事开始更加注重哄睡场景，在每个故事后面加一首孩子们并不是特别熟悉的古诗词，重复多变，一遍比一遍声音小，哄睡成功。

凯叔讲故事的产品趋于极致。凯叔认为：成人需要的内容产品是"能够提升某种能力或者是解决某些焦虑"。可以说，成人需要的产品是商品，而孩子们是天生的艺术家，他们需要的是工艺品。以凯叔讲故事的《西游记》内容产品来说，它是通过这样三步来打磨：

第一步：降低认知门槛

第二步：搭建知识阶梯

第三步：进行价值观再造

通过这样三步，对于儿童来说，经典但有些晦涩的故事简单、生动化了，符合他们的认知与他们的兴趣。同时，拆解后的故事还是非常好的儿童非课堂教育，使得孩子们在快乐中逐渐完成价值观的再造，自由、健康地成长。

4.4.2   体验感超预期：Nozon的化身为"鬼"超感体验

口碑营销大师马克·休斯曾提出，最具威力的营销手法便是：把大众与媒体一起拖下水；借口耳相传，一传十、十传百，才能让你的品牌与产品讯息传遍全世界。

在互联网时代，传统的自我宣传的传递力量已经减弱，而用户的推荐才最值得信任，最有说服力。当你的产品超越用户预期，使用户尖叫时，你根本不用为自己的产品开口，用户就已经通过网络论坛、微信、QQ、直播等社交软件，引爆了口碑营销。那么，如何通过打造超预期的用户体验引发用户的口碑效应呢？

小米总裁雷军说："口碑的真谛是超越用户的期望值。海底捞看上去不是很豪华，但它的服务超越了我们的期望值，所以我们觉得好。相反，我去了迪拜的帆船酒店，大家都说那是全球最好的酒店，但我无比失望，因为去之前我的期望值太高了，而我失望也并不是他们真的差。所以，口碑的核心就是超越预期。"雷军认为：超越用户的期望有两个途径（见图4-10）：

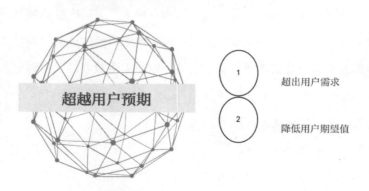

图4-10   超越用户期望的两个途径

2016年，StarBreeze收购Nozon，Nozon用prezenZ技术制作的6自由度全息视频一度成为热点。这其实是一种观影体验感的升级，用户在看prezenZ技术制作的电影，类似于戴着HTC Vive玩游戏，可以在虚拟世界自由运动，以任意视角去观察场景中的东西。通俗来说，这有点像用户通过时光隧道进入到另一个历史时空场景中，作为旁观者的用户，像"鬼"一样游荡于影片故事之中，无法参与故事，有极强的无视感，就像一个不存在的人，不能与场景交互。

但这种体验感给了用户前所未有的观影超感体验，从需求角度来说，大大超出了用户的需求，而从期望值角度来说，用户以往的期望值并不高，但这种新的观影体验远远超出了用户的预期。在用PrezenZ技术制作的VR CG电影里，用户可以四处走动，随意观看，观影体验从传统的完全静止状态，越过VR电影通常的3自由度，直接实现了空间上6自由度的观影超体验感。这种趋于极致的超体验感自然而然就引爆了用户的口碑传播。

4.5 "五感协同"创造品牌宗教

为什么乔布斯的苹果产品遮住商标，消费者也能认出？为什么可口可乐瓶子形状我们看到就能迅速识别？为什么闻到摩登的与众不同的混合香味，就知道是香奈儿5号？为什么吃饭时味蕾上感受到那种久久难忘的"家的味道"，就知道是饭菜里放了"老干妈"？在诸多的一线品牌中，感官是其产品商业模式的重要标记。

美国克里希纳教授提出了"感官印记"的概念。她认为，如果某种特定的感官体验，能够令消费者想到某个具体的品牌，那么，这个品牌就成功地塑造了一种感官印记，甚至会成为消费者的一种"品牌宗教"。

企业可以通过向客户有效传达产品感官特质，改变客户对产品质量、功效、特征等的感知与消费行为。也就是说，企业可以通过给客户提供全新的感官体验，来使客户下意识地被影响。那么，感官又是如何作用于客户的意识，影响客户对产品的考量的？克里希纳教授提出了一种感官营销理论逻辑的模型（见图4-11）：

图4-11   感官营销理论逻辑的模型

在这个模型中，触觉、视觉、听觉、嗅觉、味觉是触发变量的五种感官，消费者通过五种感官与外界环境进行信息与物质的交互。当外界环境不断刺激消费者感官后，消费者开始形成不同的感觉。然后，这些不同的感官得到一定刺激后，就形成了知觉。知觉对消费者的情绪、认知产生巨大影响，进而影响到消费者的购买体验与最终决策。

需要指出的是，感官刺激虽然有着令人震惊的效应，但是如果要使感官因素发挥更大的作用，那就是将两种以上的感官相结合，如果要使效果翻倍，那就将五种感官都加入进去，五感协同，使品牌在消费者心智中成为一种品牌宗教。

4.5.1　五感整合：星巴克品牌为何深入人心

厨师在做菜的时候，有自己的主打招牌菜，我们称之为"主菜"，但这并不会让厨师在激烈的竞争中赢得更多的回头客。一位高明的厨师，懂得在主菜的基础上，加入不同的调料，使用不同的食材做成配菜。还不止于此，高明的厨师做出来的所有菜系，色香味俱全，像艺术品，却也有十足的烟火气息。如果餐厅环境、服务礼节、餐具能够与厨师的菜系相得益彰，那客人们就会在多种感官协同效应下，成为忠实的顾客。

这道理和感官营销是相通的。据调查，人们每天平均接收5 000条来自产品的信息，但只有1%左右会留存在当天的记忆里，一周之后，也只记得万分之一的信息。传统的品牌营销中，注重的是以视觉和听觉来传达品牌卖点，如果想强化人们对于产品品牌的记忆或感知效果，必须整合五感，充分激活人们的记忆、感情、认知。

瑞典卡尔玛大学教授贝蒂尔·霍特说："无论是市场营销战略的方式还是战略的执行，五种感官在创造、沟通和价值传播中都是非常重要的。所有的迹象都表明，感官营销将会成为战略营销的下一个前沿。"

星巴克的感官营销是充分调动五感的立体式营销，通过调动消费者的多种感官体验，使消费者在消费过程中得到全方位感官满足，从而使其品牌深深植根于消费者的心智之中。

走进星巴克，咖啡醇厚的香气扑面而来，坐在柔软舒服的沙发上，手持一杯绿色美人鱼的咖啡，来些精致的糕点，使人感到温暖而放松。星巴克的墙面上的时尚画作、有异域情调的灯光效果、耳边优雅的爵士乐……各种感官叠加在一起，使消费者感官体验达到极致，品牌顿时深入灵魂。

4.5.2　多维感官：宜家一流的感官体验来自哪里

在物理学中，维度是描述某一变化着的事件的参数，零维是点，一维是线，二维是面，三维是静态空间，四维是时间动态空间……而如果从维度的角度去做感官，消费者通过多维度的感官刺激，获得的体验感也是高质量的。

以宜家来说，宜家并不是通过单一维度的体验感叠加来切中消费者的心智，而是通过多维度感官刺激来给消费者带来深刻的记忆和愉悦感，使品牌直达用户心智深处（见图4-12）：

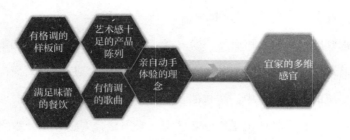

图4-12　宜家的多维感官

（1）有格调的样板间。宜家的样板间给消费者的感觉是与一般家具市场截然不同的。宜家根据不同的消费者群体特征，创造出风格多样的样板间，将家具和用品有机结合，展现出来，表达强烈而迥异的生活风格，温馨、单身、文艺、小资等。消费者进到样板间，就不由自主地感慨：这就是我想要的家！一般家具市场卖的就只是家具，而宜家卖的是消费者梦想中的家。

（2）艺术感十足的产品陈列。宜家在产品陈列方面注重艺术与美感，通过产品的数量、造型和色彩上的精心设置，赋予卖场以格调、态度、设计感，使消费者享受一场场多姿多彩的视觉盛宴。

（3）满足味蕾的餐饮。独立的用餐区域是宜家感官体验的重要一环。消费者们在宜家购物的时候，几乎是将去宜家餐厅当成了必然的选择。宜家餐厅的瑞士肉圆、甜筒冰激凌等美食获得了极好的点评，餐厅的装修情调简约、自然，使消费者感官上获得轻松、愉悦的感觉。

（4）有情调的歌曲。在有些宜家卖场，经常会播放一些具有北欧情调的民谣，或者是有英伦味道的摇滚等一些欧美流行音乐。当然，还有放一些轻快的纯音乐。消费者在整个体验过程中，时不时有悦耳的音乐来搭配，体验本身成了一种美妙的享受。

（5）亲自体验与动手的理念。宜家与传统家具市场不同的是，鼓励消费者亲自体验与动手。宜家出售的一些沙发、床等家具的展示处还特意提示顾客：请坐上去！感觉一下它是多么的舒服！消费者可以像在自己家中一样，拉开抽屉，打开柜门，来一个舒适的躺姿，试一试床和沙发是否坚固等。宜家还鼓励消费者DIY精神，鼓励消费者参与到家具的设计、筹划、选购、运输、安装等环节。在这种参与过程中，消费者触摸木板的纹理、线条、质感，嗅一嗅家具的气味等，这些感官的愉悦使消费者对品牌更加执着眷恋。

4.6　独角兽产品法则：改变你的消费者

近几年，在硅谷以及世界创投圈中，有一个词汇异常火热，那就是"独角兽"。它本为神话传说中的一种稀有且珍贵的生物，后来，美国著名投资人艾琳·李在2013年将私募和公开市场的估值超过10亿美元的创业公司称作"独角兽"。

世界上最有名的独角兽企业有Uber（交通）、Airbnb（住宿）、Palantir（大数据）、小米（电子消费品）和Snapchat（社交媒体）。在2017年12月的胡润独角兽指数榜中，我国独角兽企业为120家，整体估值超过3万亿人民币，其中，蚂蚁金服、滴滴出行、小米公司估值占据前三。独角兽企业在人们的生活中扮演着非常重要的角色，它们颠覆了人们的生活方式，改变了人们的认知与价值体系（见图4-13）：

独角兽的三种
基本特征

1
消费者觉得它的产品不可思议

2
它的产品改变了世界，以及
人们的生活和工作方式

3
它的产品产生了巨大的价值

图4-13　独角兽的三种典型特征

首先，独角兽企业产品在刚推出阶段，一般人们会觉得这种产品难以置信，产品思路不走寻常路。当人们习惯产品的使用方式，习以为常之后，产品就变得不可或缺了。比如，Uber刚出现时，凭借的并不是估值，而是因为它让人感到无比惊讶。当消费者知道从手机上就能召唤一辆车，带他到任何他想去的地方时，产品为消费者带来了极大的震撼，消费者认为产品太酷了。而当消费者开始依赖上这种服务后，产品就变成了一种必然的需求。

其次，独角兽企业的产品改变了人们的工作方式和生活方式。它们使消费者成为不同的人。经济学家迈克尔·施拉格有过这样一段论述："成功的创新者不会让消费者和客户去做与此前不同的事情；优秀的创新者会让消费者变成与此前完全不同的人。Facebook让他们的用户变得更加开放，更加愿意分享自己的个人信息，即使这样做的后果是在真实生活中变得有些封闭……优秀的创新者会让用户拥抱——或者至少是忍受—— 新的价值、新的技能、新的行为、新的词汇、新的理念、新的期望以及新的志向。他们会改变自己的消费者。"

最后，独角兽企业的产品会产生巨大的经济影响，不仅成就了创业者与投资者，而且还使得更多人获得回报与收益。这些甚至最后都会超出独角兽企业最初的预想。比如，神秘低调的MaGIC Leap公司的增强实境技术，不仅为那些办公室的工作者解决问题，而且还改变了他们的工作方式，其未来的价值更是不可估算。受益者不仅仅是创始人与投资人，更是所有人。

那么，企业又该如何打造独角兽产品呢？或者说，有什么捷径能使产品迅速成为消费者心智中的独角兽？这里提供两种基本的方法：第一，根据潮汐需求设计产品商业模式；第二，用颠覆式创新颠覆消费者的认知与价值。

4.6.1　潮汐需求：滴滴用户为何呈爆发式增长

海水在天体引潮力的作用下产生周期运动，海面垂直方向的涨落称为潮汐。它是一种自然现象，根据其潮起（高峰期）潮落（平峰期）的特性，人类在合适的地理位置建造潮汐电站，将潮汐产生的巨大能量转化成电能。

事实上，消费者对很多产品的需求也呈现出一种潮汐变化的规律。比如，春运、黄金周等都是典型的潮汐需求。如果人们能够按照潮汐的规律去做事，效率、利益等多方面都可以获得极大的提升。

滴滴就是潮汐理论的践行者。初入市场的滴滴采取的商业模式是典型的出租车信息化商业模式。后来，滴滴发现，在80%的出租车都信息化之后，依然有大批量的人在高峰期是无法叫到车的。在出租车行业，供给相对来说变动较小，而需求则体现出明显的潮汐变化状态。滴滴根据潮汐需求理论，整合了社会上的专业运力和零散运力资源，陆续推出了专车、快车、顺风车等。滴滴通过分档运营手段，满足人们潮汐需求，使人们在出行高峰期、平峰期等不同时段都能叫到车。滴滴也因此开启了快速发展的模式。

我们举例来说，很多上班族同时也是滴滴快车司机，他们下班时间都恰好是早高峰时段。作为快车司机，他们在早高峰时间段的工作方式，既降低自己的出行成本，又为他人出行提供了便利的条件。这种在潮汐需求理论下诞生的运营方式，只在高峰期出现，所以既不会造成平峰期运力过剩的问题，也在很大程度上满足了一大部分上班族的需求。

Airbnb在构建自己的共享商业模式时同样遵循潮汐理论。在旅行短租房市场，消费需求呈现出更为明显的潮汐效应。Airbnb根据这种规律，以民宿为主，通过居住位置、出租时段、铺位类型、交通发达程度等数种变量定位租金水平。在旅游旺季，Airbnb帮助所在城市的旅游住宿业避免出现"旺季不够用"的尴尬。对于出租者与租房者来说，这种策略的运用，都极大地减少了时间成本，将各方利益最大化。

4.6.2　颠覆价值与认知：Airbnb的"归属感无处不在"

维持式创新和颠覆式创新是创新的两种类型。维持式创新是在确定的技术轨道上，围绕着已经发现的主流客户需求，开发产品，改良工艺。颠覆式创新并非按照主流市场的技术路线走，最初可能是边缘化的、容易被人忽略的技术和产品，随着技术的进步，逐渐脱颖而出，最终完成产品的技术替代、模式替代。

独角兽企业在创新领域，大多并没有使用传统的维持式创新，而是不约而同地使用了颠覆式创新。他们更注重挖掘潜在的需求，用新的技术、新的产品为潜在客户（或者非主流客户）创造价值，甚至用产品颠覆用户的认知感与价值感（见图4-14）：

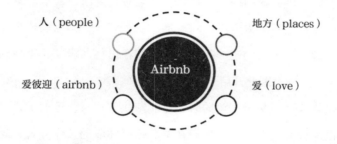

图4-14　Airbnb的logo元素

独角兽Airbnb是一家没有任何楼宇资产的公司，它将几百万房东手中空置的房间放在自己的平台上用来出租，成为全球提供的房间数量最多的公司。如今，它已经入驻191个国家、65 000个城市，为全世界的游客休憩提供公寓、别墅、城堡或者树屋等不同的选择，使"每一个人在每一个地方获得归属感"。Airbnb充分利用了闲置资源，让房东额外收入大幅增加，同时，也使自己成为全球共享经济的鼻祖、富有传奇色彩的独角兽。

自2008年成立以来，十年时间里，Airbnb不但颠覆了诸多名闻世界的连锁酒店，更颠覆了人们的认知、理念与价值，为整个行业甚至是为互联网时代赋能。

Airbnb颠覆了人们的认知与价值。在Airbnb之前，很少有房主愿意让陌生人住进自己家里，当然，比起民宿，外出的客人们更愿意住酒店。而Airbnb这个平台为敢于尝试的人提供服务，客人灵活性、便利性的新需求正在颠覆房屋租赁行业，客人更安心住在当地的房主家，而房主也更愿意让陌生人住在自己家里。人们之间有了更多的信任。

Airbnb的商业逻辑对行业产生了巨大的推动力。Airbnb培育了市场，也教育了用户。Airbnb走红之后，短租行业出现了更多这样的短租公司，诸如HouseTrip、Wimdu、Luxury Retreats和Inspirato等。Airbnb充分利用闲置资源，更高程度实现资源优化的共享经济模式不仅拓展了本行业的新领域，而且对其他行业产生积极影响。比如，滴滴打车能够成为包含BAT在内的诸多巨头的支持，很大程度上在于滴滴使得本地闲置资源实现了更大程度的利用。

4.7　触发→行动→犒赏→投入

上瘾可以说是产品侵入消费者心智的最高境界。一旦消费者对产品上瘾，两者之间"谈起了恋爱"，消费者就会不离不弃，持续消费，有着欲罢不能的迷恋。那么，如何才能使消费者对你的产品上瘾呢?

严格来说，上瘾其实并不是一种非理性的吸引，而是一种可操作性的技术，有着自身的逻辑。1992年诺贝尔经济学奖得主加里·贝克尔成功地建立了理性上瘾理论及其数学模型。贝克尔提出这样一个理念：成瘾性行为，即使其程度很深，从包括稳定偏好的有预见性的最大化行为的意义上讲，通常也都是理性的行为。

以这种理论为基础，在产品进入消费者心智的过程中，曾一度流行过这样的思路：占领消费者大脑——引导消费者重复购买。产品要用自己独特的卖点去占据消费者的心智，忠诚的消费者通常会高频率、重复购买产品并推荐给别人购买，他的购买逐渐成为一种习惯。

到了移动互联网时代，尼尔·埃亚尔，瑞安·胡佛在这种理论基础上，在他们的著作《上瘾》中提出了"上瘾模型"。他们将产品内化为用户上瘾习惯，这一过程分为四个阶段（见图4-15）：

图4-15　上瘾模型

（1）触发。即找到促使客户使用、购买产品的诱因。触发分为外部触发和内部触发。客户习惯依赖的那些产品往往是外部触发最先发挥作用，例如电子邮件、手机应用程序等，外部触发通过将产品卖点信息渗透在用户生活的各个方面来引导他们采取下一步行动。内部触发通过用户记忆存储中的各种关联来提醒他们产品的卖点能给他们带来的益处，使其对产品产生购买兴趣。

（2）行动。行动要兼具动机和能力，有了动机，还需要用户的能力足够完成行为。在这个阶段，销售应充分展示产品的实用性和艺术性等卖点，还必须确保卖点有足够的驱动力可驱动客户提高购买行为的发生频率。

（3）酬赏。产品在满足了客户的需求之后，可能出现两种情况，一种是"有限的多变性"，随着时间的推移，产品对客户来说失去了吸引力；另一种是"无穷的多变性"，客户可能因为需求的满足而激发出强烈的购买欲。在这个阶段，销售可对产品添加"多变酬赏"的卖点，使客户有期待感，使客户头脑中负责理性和判断的部分让位于负责购买欲望的部分。

（4）投入。对某一事物投入越多，越觉得它物有所值，这是人们的一种普遍心理。在这一阶段，鼓励用户对产品投入一些更有价值的东西，比如付费后享受更多的会员特权等。鼓励用户更深入参与产品的改进与升级，使客户离不开产品。客户通过投入，就会产生下一次触发，一个正向上瘾循环圈就形成了。

4.7.1　找到真需求点：今日头条的"DNA兴趣图谱"

Facebook的一位高管曾做过Path创业项目。这个项目在2010年刚推出的时候，因为界面精美、操作流畅，用户数量猛增。但是，这位创始人是邓巴系数的拥护者。

所谓邓巴系数，又称为150定律，它认为人类拥有稳定联系的人数只有150个左右，其中一般朋友上限50人，亲密（包括可倾诉对象）的朋友上限15人，最信任朋友（包括至亲）上限5人。朋友数目最大为500人，涵盖那些见面时能叫得出对方名字的人。这些数字较为恒定，但这些朋友并不是固定的，会在一定时期内有一定的变动。

这位创始人正是因为过于迷信邓巴系数，异想天开地限制好友数量为150人，扼杀了产品自身的传播。结果，在用户数量达到300万人时就再也没有增加的空间，用户逐渐开始向其他平台转移。

可以说，这个产品失败的根本原因，在于创始人以一个邓巴系数适用于社交的伪需求点代替了用户的真需求点。事实上，最为简单、直接地找到用户真需求点的方式就是利用用户数据分析需求点。在这方面，今日头条的商业模式可谓典型的数据分析模式。

今日头条是一款推荐引擎产品，开发于2012年，短短几年注册用户达5亿，其成功的核心因素就是遵循了个性化推荐。今日头条创始人张一鸣认为，所谓个性化推荐，本质上是不需要用户做出任何选择的，因为每选择一样都要思考一下，过程还是比较痛苦的。只有让用户越方便，越偷懒的应用，才能体现出真正的个性化推荐。因此，今日头条最大的亮点在于只需绑定社交账号，从此不再需要任何操作。

今日头条一旦绑定社交媒体账号，推荐引擎就会在5秒钟之内为用户建立起一个类似于一个数学模型的DNA兴趣图谱。这个图谱是通过用户社交媒体账号上的好友、标签、评论、关注人群、转发消息、收藏、用户位置、使用时间等数据提取而来。这些大数据还可分为可视数据与不可视数据部分，用户的兴趣、爱好等属于可视数据，用户的情绪、风格等属于不可视数据。系统会根据已有大数据以及用户接下来产生的大数据，对客户的兴趣进行衡量，不断根据用户的兴趣进行内容推介。用户用得越多，内容推介就越是贴近用户的阅读习惯，进而用户也就越发依赖这款App。每天阅读使用这款App已经成了用户戒不掉的"瘾"。

4.7.2　启动上瘾模式：王者荣耀为什么成为国民游戏

在"触发→行动→犒赏→投入"这个上瘾模型中，事实上，它最为根本的是使"上瘾的产品"改变了消费者大脑多巴胺的正常水平。这种改变，导致大脑将真正的需要和想要分裂开来。

英国剑桥大学的卢克·克拉克和他的同事做过一个关于研究赌博上瘾的实验。他们让40名实验者玩一个简单的老虎机游戏，并对他们进行大脑扫描。研究结果发现，实验者在赢钱的时候以及在出现"差一点就赢"情形时，大脑的愉悦回路被激活。那么，"触发→行动→犒赏→投入"这个上瘾模型又是如何具体运用于产品中，为产品增加魔力呢？我们以腾讯的王者荣耀为例来分析。

"王者荣耀"这款腾讯游戏，注册用户超过2亿，日活跃用户超8 000万，渗透率达到22.3%，可以说每七个人中，就有一个人在玩"王者荣耀"。王者荣耀的上瘾模型如下。

触发元素：

（1）王者荣耀作为移动端游戏，比网游更方便进入平台，参与条件更低，且对手机的配置要求不高。

（2）王者荣耀具有腾讯和微信两大社交渠道优势，朋友们都在推荐这款游戏，于是，用户就会对这款游戏产生好奇心，想尝试。

（3）网络上相关评论、段子、新闻等，都对王者荣耀起了一定的宣传作用。

行动元素：

（1）王者荣耀中用户参与的门槛较低，上手快，速度快，玩一局只需要15分钟，将游戏体验留在"心流区"，使人专注游戏体验且意识不到时间的流逝。

（2）王者荣耀每一次的匹配玩家和匹配的角色都是不同的，让用户对于每一次的尝试都有不同的期待和刺激。

（3）王者荣耀中从青铜到王者是一个漫长的过程，这款产品利用合理段位等级来吸引、刺激用户排位，使用户黏度增加。

酬赏元素：

（1）王者荣耀中存在一种"游戏平衡"，注重互动竞技。胜负的因素不在于玩家付费，而注重个人操作、团队合作以及其他因素。

（2）王者荣耀中"每日任务"是不可或缺的一部分。比如，每日任务中设置活跃度开宝箱，完成任务送经验、活跃度或某英雄体验。

投入元素：

（1）王者荣耀的投入可以说是用户关系，也可以说是成就系统。当用户在游戏中有自己的成就系统，并不断升级后，就逐渐形成了习惯。

（2）王者荣耀有温情时间提醒，以免玩家沉迷游戏。但从另一个角度来说，这种温情提醒反而使得用户对其情有独钟，将更多的时间和精力花在了这款游戏上。

第五章

建构：布局用户价值主张新生代

产品或服务要向用户传递什么样的价值？解决什么样的问题？满足什么样的需求？可以说，用户价值主张是任何商业模式设计创新的基础。在布局用户价值主张时，需要根据用户的偏好、心理地图、价值曲线、环境、日常事务、关注焦点等要素，再结合企业自身的资源特点，进行战略策划。谨记，真正的挑战在于对用户思想、行为的深刻洞察，并从用户的角度搭建商业模式的根基。

5.1 精准定位目标用户群体

在管理学中，目标用户群体的概念多解释为：企业针对自身的能力向特定的用户群体提供有特定内涵的产品价值，这些特定的用户就是目标用户群体。无论企业怎样对自己的商业模式进行创新，面对的最根本问题仍旧是将产品卖给"谁"。也就是说，企业商业模式的创新必须建立在精准定位目标用户群体的基础上。

"用户画像"工具通常是研究消费者偏好，精确定位目标用户群体，并以此作为商业模式设计决策的分析工具。"用户画像"的概念最早是由交互设计之父Alan Cooper提出的，他认为，用户画像是真实用户的虚拟代表，是建立在一系列真实数据之上的目标用户模型。用户画像是通过用户调研去了解用户，根据他们的目标、行为和观点的差异，将他们区分为不同的类型，然后每种类型中抽取出典型特征，赋予名字、照片、一些人口统计学要素、场景等描述，以此形成模拟用户原型。比如：男，31岁，已婚，收入1万元以上，爱美食，团购达人，喜欢红酒配香烟。

这种用一连串描述使得用户信息标签化的特点，就是一幅简单的用户画像。用户画像的工作是为用户打标签，而打标签的目的则是通过一系列用户画像数据，找到用户偏好，对该特定的用户群进行精准定位，并以此为依据来规划商业模式。具体来说，用户画像可以通过用户的"基本面情况"和用户的细节部分，诸如"场景、标签、性格、情绪"等方面来进行勾勒（见图5-1）：

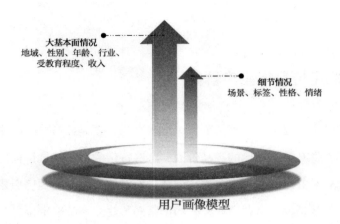

大基本面情况
地域、性别、年龄、行业、
受教育程度、收入

细节情况
场景、标签、性格、情绪

用户画像模型

图5-1　用户"基本面情况"画像模型

用户的基本面情况，只是大致对用户进行勾勒，勾勒出的只是用户模糊的原型。这显然是不够的。比如，有一家公司就从大基本面来为消费者画像，并希望借此实现精细化运营，他们通过商圈人口数量、性别、年龄、收入、门店停留时间等因素，搜集了大量的数据，构成消费者画像。但公司依据这些数据调整经营策略，扩大门店规模，加大宣传册推广力度，结果反而是濒临倒闭。

其中原因也比较复杂，但从消费者画像的角度来说，画像过于模糊，不精确，缺少真正的指导性价值等因素，却是实实在在的缺陷。因此，需要注意的是，用户画像的第二个层面，即细节数据的搜集也是必不可少的。

比如，你的商业模式中，需要为公司的公众号做用户画像，其中消费者的消费场景、标签、性格、情绪等细节部分的调查是必不可少的。

具体来说，这些细节可能是：

场景：上下班的地铁上；厕所；沙发上；睡前床上……

标签：科技控；星座控；八卦控……

性格：佛系；女汉子；直男癌……

情绪：感性，很容易引发共鸣；理性，有自己的判断标准……

这些细节性因素都是用户在日常生活中实实在在存在的，在大基本面勾勒的轮廓里，添加上更多的细节因素，用户更为日常化的真实形象就出来了。

通过这种精准的用户画像来分析用户行为，最终为每位用户打上正确的标签，为这些标签指数增加权重，精确定位目标客户群，找到其偏好与其真正的价值主张，并根据这些调整商业模式策略。

5.1.1　特定群体偏好：耐克依据目标群体偏好提升转化率

企业需要研究特定用户群体的偏好，并针对这部分特定目标用户群体的偏好设计产品或营销模式。消费者偏好模型（见图5-2）：

图5-2　消费者偏好模型

从中可以看出，消费者的偏好指数的高低，一方面取决于影响消费者偏好的主要因素，另一方面取决于对消费者偏好产生影响的随机因素。

影响消费者偏好的主要因素包括：地域因素、环境因素、兴趣爱好因素、公众引导因素、品牌知名度因素、价格因素、品质因素等。而影响消费者偏好的随机因素就更多了。《Scientific Reports》杂志发表过的一项研究结果显示，女性的颜值还能影响到消费者的偏好。产品品牌如果是高颜值的代言人，那么消费者的偏好指数会明显提升。

企业可根据影响特定消费群体偏好指数的因素来指导自己的企业战略。我们以耐克在2017年度的销售策略为例。

2017年，耐克获得MASTER营销大奖。耐克的成功营销不得不说受益于耐克对于特定消费群体偏好的精准把握。

从大的环境来说，对于大部分体育品牌来说，线上销售渠道多依赖于天猫、京东等大型电商平台，而这些第三方电商渠道也的确使得一些品牌获得极好的销售额，与此同时，第三方电商平台的品牌竞争也空前激烈，机会变得更为稀缺。

耐克通过360大数据，从功能、流量来源和运营策略等角度，对天猫旗舰店与耐克的自营电商官网的特定用户群进行分析发现，52.3%的耐克官网用户偏好使用360导航，这种偏好意味着过往曾被严重低估的导航媒体资源在拓展网站流量与促进订单转化方面有着巨大的影响力。

耐克通过对覆盖目标消费群的进一步分析发现，虽然耐克官方电商网用户规模不及天猫旗舰店，但这两大渠道中，有6.8%的重合用户对这两种渠道有着同样的偏好，这表明可通过渠道差异化分工策略来开拓更广阔的营销市场。

耐克通过大数据还发现，耐克电商官网的目标用户群体从区域上说，一线城市更为集中，用户的偏好相似性很大，且以男性初中生为主。

耐克通过对目标用户群搜索行为的深度分析，更好地了解目标用户行为的偏好，将目标人群细分为潜在人群、意向人群和核心人群三类。耐克根据不同人群的偏好，与360营销资源进行精准匹配。

对于潜在人群，通过展示广告创新资源抢镜；对于意向人群，借助搜索广告品牌占位进行精准覆盖；对于核心人群，依托品牌直达进行精准锁定。

这种通过用户偏好实施的营销创意，使得耐克品牌搜索推广CTR增长率超过70%，展示广告提升超过228%，实现了高效销售转化率。

5.1.2　打动目标消费群体：可口可乐的欢乐价值主张

对于特定消费群体来说，产品或品牌的价值主张，不仅仅是让用户认识你的新品牌、新产品、新创公司或是公司转型后的新方向等。更为根本的是，你的价值主张应该与特定消费群体真实的、深层次的或潜在的需求进行深度匹配。

产品或品牌的价值主张主要有两个层面：一是情感层面。比如，Airbnb的价值主张是"欢迎回家"，可口可乐的价值主张是"欢乐"；二是产品价值层面。比如，Google Drive的"无论身在何处，都能立即存取档案"。

公司在制定产品或品牌的价值主张时，需要正确判断特定目标消费群体的价值取向，并能够对未来市场的发展趋势做出正确的阶段性预测。企业还需要根据自己的资源特点，充分考虑到产品、品牌与特定目标消费群体在价值或情感方面的共鸣点。

一般来说，能够打动消费群体的价值主张多具备这样六个特征（见图5-3）：

图5-3 打动用户群的价值主张特征

我们以可口可乐的价值主张为例。可口可乐的产品是饮料糖水，产品层面的价值是很难凸显的，因为它本身的产品没有特别厉害之处。因此，可口可乐的价值主张放在了情感层面，它最为根本的价值主张即"欢乐"。

近些年，可口可乐在品牌传播中，不断提出一些与目标消费群体切合的、平常、通俗但又深入人心的"情感驱动符号"。比如表达对生活的激情的"要爽由自己"，表达天伦之乐、亲情的"春节带我回家"和"没有一种感觉比得上回家"等。可口可乐的产品品牌价值语可以说是始终围绕"欢乐"这个基本价值主张去进行品牌传播的。

5.2   移情图：全方位洞察理解用户

　　好的商业模式必须是通过客户的眼睛来洞察产品与服务，成功的商业模式创新有赖于对客户深入地理解，包括客户所处的日常环境、工作，客户的渴望、担忧等。商业模式创新的真正挑战在于深入理解客户，而不是简单地对客户进行问卷调查。正如汽车大王亨利·福特所说："要是我问客户他们要什么，客户会说他们想要一匹更快的马。"另外，企业需要明确应该关注的客户群体以及未来可能的客户群体。而移情图是企业进行客户洞察时可以使用的有效工具。

　　移情图又称作"客户素描"，具体方法为：采取头脑风暴的形式，在商业模式中想要服务的所有客户群体里挑出三个最有希望的客户群体，选择一个作为第一个画像的对象。先给这个客户群命名，识别出一些人口统计学特征，如收入、婚姻等。然后使用移情图为这个客户群建立档案。移情图包括六部分问题，企业团队或合作伙伴需要根据这六部分来进行头脑风暴，分析特定客户群。这个工具也被称作"同理心地图"（见图5-4）：

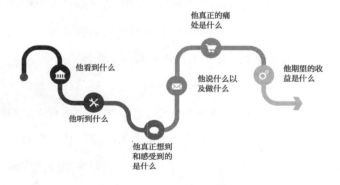

图5-4   移情图工具模型

他看到什么？（环境、朋友、市场中提供的产品）

他听到什么？（周围亲朋好友如何评价？上司和同事是否推荐？其他人又说了些什么）

他真正想到和感受到的是什么？（关于产品和服务，他真正关心、担心以及渴望的是什么）

他说什么以及做什么？（他在公共场合或对待他人时的态度、穿着以及行为）

他真正的痛处是什么？（他遇到的挫折、阻碍以及承受风险的程度）

他期望的收益是什么？（他真正需要的是什么，他会采取哪些措施来实现目标）

5.2.1　同理心地图：宜家深挖DIY，施乐涉足租赁

我们在构建新的商业模式时，如果想充分发挥同理心工具的效果，就要多问"假设式问题"。假设式问题有助于我们更为充分地体察消费者。在宜家，消费者要从大仓库货架上挑选配件，自己回家组装成家具。这种商业模式，在今天看来是很普遍的，但在20世纪60年代，宜家创建的这种商业模式，却是极具挑战性的。

宜家完全将自己放在消费者的立场上去设计商业模式，充分发挥同理心的作用，鼓励客户自己动手就可以组装家具，并从这种劳动投入中获得成就感，对宜家的家具生出一种非理性的热爱，而宜家也会根据客户的反馈，不断完善家具产品的设计，将更好的产品反馈给客户。这样，宜家家具和客户之间就自然而然形成了一种互惠式投入，客户也逐渐对宜家家具上瘾。

施乐也曾使用同理心地图完成商业模式的创新。在1958年，施乐发明了世界上第一台普通纸复印机——Xerox914型复印机。当时，施乐复印机的价格在一般消费者看来，是难以接受的。

因此，施乐复印机在推向市场的时候，采取了租赁的商业模式。消费者只需要每个月支付95美元，就能租到一台价格昂贵的复印机，并免费获取2000张复印纸。当时购买一张复印纸的价值是比较高的，需要4美分。施乐公司还为这些客户提供必需的技术支持，并且承诺，客户如需要终止租期，只需要提前15天通知公司即可。无疑，这种商业模式俘获了更大范围的潜在消费群体。

5.2.2　透过现象看本质：丁香园如何挖掘客户潜在需求

企业的商业模式在设计时面临的最大的一个挑战是：如何深度洞察出消费者自己都未曾察觉或者被隐藏的需求。很显然，传统的市场调查中的问卷是比较拙劣的方式，问卷调查根本无法准确问出消费者的潜在需求。而使用移情图就不同了。移情图工具是以观察、同理心、洞察为基础的消费者洞察技术，同时，它也是一种消费者资料搜集与情报分析的工具。

使用我们提到的移情工具进行深度调查时，我们需要明确这三方面的问题：

如何能深度了解消费者？

要关注哪些消费者？

要忽略哪些消费者？

为解决这些挑战，我们需要将焦点从"消费者做什么，说什么"转移到"消费者不做什么，倾听消费者没有说的事情"。通过这种逆向思考，通常能够察觉出消费者与众不同的想法、生活方式、产品使用习惯等隐性或未被满足的需求，从而为商业模式创新带来灵感。

丁香园最初的价值主张是：为医生提供免费文献、学术、工具交流平台，提供医药观察数据、医药人才招聘、生物企业宣传平台的价值主张。

但是在其后的发展中，丁香园在充分挖掘客户潜在需求的基础上，对价值主张进行了修正。丁香园通过对平台健康类文章的研究发现，以往的专业性较强的健康类文章对读者群的定位上一直有一个误区。他们发现，读者的潜在需求其实是一些接地气的科普文章。如此一来，丁香园的价值主张发生了很大的变化。

在新的价值主张基础上，丁香园把丁香医生这样的文章做了起来，并迅速成长为国内医疗健康领域第一新媒体，成为一个大IP。丁香园这个大IP下，还包括2B和2C两条线。在2B那边，丁香园将大众和品牌做一些连接。比如有个品牌方代森出了一系列与健康关联的产品，包括吸尘器、空气净化器等。这些品牌方对大众健康的需求并不是那么清楚，而丁香园因为深度了解用户的痛点与潜在需求，就可以为品牌方提供用户洞察，将品牌与需求紧密关联。丁香园于2018年4月宣布完成D轮融资，估值过10亿美元，迈入了独角兽队伍。

5.3　超预期重构用户心理地图

消费者最终选择的产品，不一定是有实际价值的，不一定具备某种特质，不一定有很强大的口碑，甚至产品的质量都不是足够好。在同一类产品中，明明会有很多选择机会，但消费者最终做出的决策为什么并不理智？

事实上，消费者在对产品进行心理估值并做出最终购买决策的过程中，他们更依赖自己的"心理地图"。心理地图这种说法是心理学家阿尔弗雷德·科斯博斯基所提出的。他认为，每个人从出生到现在，他所接触、了解或感受的一切，都会以特定的思维模式绘制出心理地图，心理地图进而影响到人们的思考、情绪与行为。

从产品或品牌营销模式来说，产品或品牌一旦被发现，就一定会在消费者心中留下初印象，然后经过收集、总结和归纳，最终形成心理地图。消费者的心理地图绘制结束之后，就会被提炼成消费者对于产品或品牌的初印象。

消费者的心理地图具有一定的主观性，并不是现实的再现，而是对现实的再加工。具体到每个特定消费群体或个体之间，由于性格、阅历、知识、环境等因素的影响，人们的心理地图也存在很大的差异。管理者可以通过多种感官输入、调高期待值这两种途径来重构消费者心理地图，完成营销模式的颠覆。

5.3.1　多种感官输入：K11购物中心的艺术、人文、自然

消费者基于心理地图对产品或品牌做出的估值，是以自身角度为出发点和利益点的。因此，营销人在向消费者传递产品或品牌信息时，尽可能传递消费者认为有趣、有价值、重要的信息，而非你感兴趣的信息。营销人还要尽可能缩短产品或品牌卖点到达消费者的距离。具体如何做呢？

消费者在绘制心理地图之前，思维通常会抢先一步进行想象、体验，他们在想象过程中，逐步分析并构建产品场景以及价值。因此，如果在消费者想象思维初始阶段，施于强大的刺激，消费者最终绘制的心理地图就会发生改变。

两点之间，感官最短，感官刺激是产品或品牌到达消费者心智的捷径。另外，因为感官刺激到达消费者的环节最少，因此，感官营销可达到尽可能准确传达产品或品牌价值的目的。

心理学家科瑞斯纳与他的两位同事进行过这样一个实验：给铅笔浸染上茶树油的气味，请一部分被试者感知这种特殊的铅笔，而另一部分被试者则感知普通铅笔。两周后，他们发现，拿到茶树油气味铅笔的被试者对品牌和其他细节的记忆只遗忘了8%，而只拿到普通铅笔的被试者，对品牌以及其他细节的记忆降低了73%。这说明，感官对人的情绪乃至记忆有着深远的影响，其效用甚至超过语言（见图5-5）：

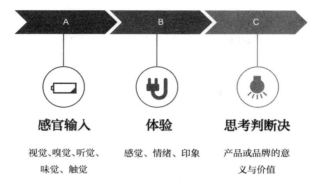

A	B	C
感官输入	体验	思考判断决
视觉、嗅觉、听觉、味觉、触觉	感觉、情绪、印象	产品或品牌的意义与价值

图5-5 消费者感官感知产品或品牌的思维过程

传统的品牌营销，注重的是以视觉和听觉来传达品牌卖点，如果想强化人们对于品牌卖点的记忆或感知效果，必须整合五感，充分激活客户头脑整体的记忆、感情、认知，引爆营销的多米诺骨牌。

以新型购物品牌K11（上海）来说，它与主流购物中心相比，只有3 800平方米的体量。但它在消费者感官体验方面，可谓是将五感营销做到了极致。

从视觉营销角度来说，K11商场内所有通道、楼层、商家门口都摆放了艺术品。消费者从进来那一刻至离开，可以自己用地图导航艺术路线，也可以跟着专业导览人的讲解来进行路线设计。

从嗅觉营销角度来说，K11有自己专属的香草味道，K11做过一个调查，女性更喜欢这种好闻的味道，且这种味道使消费者在商场停留的时间更长，无形中为K11赢得了更多的营销机会。

从听觉营销的角度来说，K11的每一层都有专门配备的音乐系统。一楼的是国际品牌，背景音乐为经典音乐。在消费者以85后、90后等年轻群体为主的楼层，可能是欢快的流行音乐，在餐饮楼层，是能让消费者胃口大开的音乐。在一楼中庭广场，大自然的音乐使人心旷神怡。

从味觉营销的角度来说，K11在餐饮的招商方面，并不偏爱传统的有名气的连锁餐饮业，而是将一些全球外来品牌第一次引入国内，给消费者带来不一样的味蕾体验。

从触觉营销的角度来说，K11有很多互动体验的地方，比如消费者可以在复古照相馆拍一些复古的照片。K11有很多艺术品，都是消费者可以去触摸的。消费者可在这种互动体验中，感受艺术氛围，流连忘返。K11的wifi覆盖率超高且免费，消费者与产品、销售以及其他人的互动更便利。

5.3.2　调高期待值：腾讯的"10/100/1 000法则"

生活中经常出现这样的场景：在用户的心理地图中，通常对某件产品心怀期待，充满向往。在这种高估值的情况下，用户会产生强烈的购买欲望。可是，当用户真正买来心仪的产品，并经过一段时间使用之后，可能购买前的愉悦感就不断减少了，再过一阵子，会认为这款产品存在种种不足，甚至考虑选择另外一款产品。用户从高期望值一下子跌到了无所期望，心理地图也开始呈负走向。

为了让用户的估值始终保持在高水平，营销人需要始终让用户有所期待，使用户成为产品的忠诚粉丝，才能持续产生好的口碑。

无论是腾讯的QQ还是微信，一经推出，都呈现出用户数量突飞猛进、应用被迅速疯传的可喜现象。在腾讯，团队在不断研究用户需求地图的过程中，逐渐形成了一个"10/100/1 000法则"。

2015年，当《哈佛商业评论》记者采访马化腾时，马化腾就"准确把握用户需求"说过："这是一条孤独之路，但用最笨的方法往往才能最快地跑完全程。不积跬步，无以至千里。要像'小白'用户那样思考，并每天高频使用产品，不断发现不足，一天发现一个，解决一个，就会引发口碑效应。要抹掉身份去用户那里潜水，听取不同的声音和反馈。"在腾讯，有一个"10/100/1 000法则"——产品经理每个月必须做10个用户调查，关注100个用户博客，收集反馈1 000个用户体验。这个方法看似很朴素，但行之极难。

面对用户体验过程中所反馈的意见，腾讯产品研发团队对其进行筛选，并在此基础上不断进行改进。总的来说，他们的产品创造遵循"用户反馈——改进——再反馈——再改进"这样一条思路。拿QQ飞车团队来说，他们就是从以下四种途径来获取用户的直接需求的（见图5-6）：

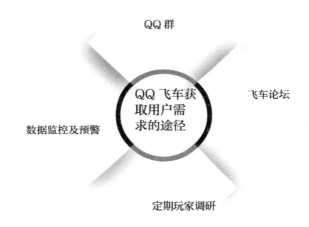

QQ群

飞车论坛

QQ飞车获取用户需求的途径

数据监控及预警

定期玩家调研

图5-6　QQ飞车获取用户需求的途径

（1）QQ群。策划团队的每个成员的QQ上都有超过100名玩家好友，以及10个以上的飞车游戏相关QQ群。策划团队成员会在第一时间把握玩家动向，精准掌握玩家需求。

（2）飞车论坛。这个产品论坛有"策略交流"版块，游戏产品策略团队成员会根据该版块手机玩家的意见或建议来对产品进行不断优化、升级、迭代。

（3）定期玩家调研。游戏的每个版本发布后，都有关于本版本的满意度调查，并有玩家测试体验。游戏团队成员根据玩家满意度以及需求变化情况来更深入了解玩家，对游戏进行精准度匹配。

（4）数据监控及预警。QQ飞车团队每天24小时对游戏数据进行监控，对异常数据变化有相应的预警机制。这样，能在第一时间从根源处分析数据，发现问题，并进行紧急处理。

QQ飞车通过以上四种途径精准把握用户需求变化，根据反馈对产品进行不断升级，以获得更大的用户满意度、认可度，使用户的体验远远超过预期，并且持续维持一种对产品的期待感。在用户的这种超预期体验下，用户的心理地图也在不断发生变化，基于对产品的完美体验，完成了一次又一次心理地图的重构，用户的性质也从普通用户成为愿意去帮助不断完善改进产品卖点的忠实粉丝。

5.4   绘制客户价值曲线，创造界定市场

管理学家德鲁克提出了"客户价值"的重要思想。他认为企业的存在目的在于"创造客户"，因此只有两种基本功能：营销与创新，其他工作都是成本。其中，营销的目的在于充分了解客户，将其潜在需求转化为实际需求。

所谓客户价值，即客户从某一特定产品、服务或品牌中获得的一系列利益。企业了解和洞察消费者价值以及价值取向，可最大程度精准定位产品或服务的商业模式，并逐步巩固客户的忠诚度，增加产品的市场份额与利润。

一般来说，在商业模式规划中，可通过客户价值曲线，来作为产品或服务基于客户价值的重要参考。所谓客户价值曲线，是指产品或服务所包含的客户需要的若干要素。不同的客户对每种要素的需求是不同的，企业可以通过这种不同要素的曲线呈现，来深刻洞察客户，理解客户，找到客户真正的价值主张，并以此来进行战略规划。我们以20世纪90年代美国葡萄酒行业高端葡萄酒与经济型葡萄酒的价值曲线为例（见图5-7）：

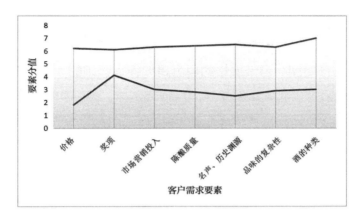

图5-7 葡萄酒价值曲线

这张图的横轴是客户需求的各种要素，纵轴表示要素分值。我们根据高端葡萄酒客户与经济型葡萄酒客户不同的利益诉求点为依据，将这些要素分值点连接起来，就形成了关于高端葡萄酒用户与经济型葡萄酒用户的各自的曲线图。

从这两条价值曲线中，可以大致看出，无论是高端葡萄酒还是经济型葡萄酒，他们的市场战略亦步亦趋。在这种市场情况下，企业要想突围，可以在同样的元素中给予客户少一些或多一些，或者将战略重心移向非目标客户群，进而从根本上改变目前的战略布局。

此时，就需要引入第二个战略工具——四步动作框架法。它是对现有的商业模式提出了四个问题：

需要剔除哪些被行业认为是理所当然的元素？

需要增加哪些元素含量？

需要减少哪些元素含量？

哪些行业缺乏的元素是需要创造或进行创新的？

解决这四个问题可以极大地提升产品或服务对于客户的价值，创造出客户的新需求。解决前两个问题，能让你明白如何把成本降到竞争对手之下。而后两个问题则教我们如何去提升买方价值，创造新需求。

5.4.1　战略布局图：自带魔性的抖音是如何火起来的

短视频社交软件抖音，作为一个手机网络App，它是一个专注年轻人15秒音乐短视频社区，也是视频社交中杀出重围的一匹黑马。抖音短视频App上线于2016年9月，在2017年5月毫无征兆地大红大紫。我们先来看一组来自百度指数网的数据（见图5-8）：

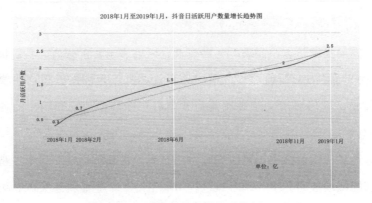

图5-8　抖音百度指数网数据

那么，抖音为什么会在短时间里成为网红呢？这要从抖音的"蓝海战略布局图"说起。视频领域（特别是短视频）总体上处于一种红海状态。短视频领域，有全球短视频霸主快手，有新浪微博秒拍，有小咖秀等。但是抖音的与众不同之处在于，它持续向更加细分的短视频领域用力，发现了价值曲线中新的需求点，从而开辟出一片新的蓝海区域。

快手覆盖人群范围广，内容范围更是无边界。而小咖秀则主要专注娱乐圈明星、去中心化，内容有所偏重。可以说，抖音面临的普遍市场形势呈现红海状态，而抖音通过价值曲线分析，发现了市场空白。然后，抖音再通过分析战略布局的四个问题，发现了新的用户价值主张。增加了融合音乐、舞蹈、特色视频这些需求元素，还创作出精致的MV，这超出了人们对于短视频固有的理解与看法。新生代、二次元人群成为其忠实的用户粉丝群体。这样一来，抖音一夜之间成为网红APP，也是理所当然的事情了。

5.4.2 创造客户价值：阿里巴巴崛起的根本

在公司的商业模式设计中，发现商业蓝海，开拓新的市场，这一切都是围绕着客户价值进行的。在蓝海战略中，客户价值需求变化的轨迹才是企业战略的立足点与终点。但凡将客户价值放在第一位的商业模式，几乎无一例外地会获得一定的成功。

我们以阿里巴巴为例，2014年，阿里巴巴在美国纽交所上市，同年12月，马云成为亚洲首富。马云从一位只有18个人的小公司老板到亚洲首富，仅仅用了15年的时间，他是如何做到的？

"创造客户价值"是阿里巴巴始终如一的商业模式。1999年，阿里巴巴创立之初，阿里巴巴的18个创始人分享"让天下没有难做的生意"这一从客户出发，为客户创造价值的经营理念。在最初的三年，阿里巴巴利润几乎为零，支撑团队唯一走下去的力量就是"为客户创造了利润""看到客户发来的感谢邮件"。直到第四年年底，阿里巴巴才开始盈利。到了2015年，阿里巴巴总营收943.84亿元，净利润688.44亿元。

以阿里巴巴旗下的淘宝网为例。已经有4亿多注册用户的淘宝网从创立平台至今，一直采取对客户免费的策略，仅靠淘宝收取的广告费用获利。马云说："我们考虑如何为社会、人类以及我们的客户创造价值。我们努力使我们制定的每一项政策，我们所做的每一件事情都保持透明，我们想与消费者分享，我们要对消费者负责。"

阿里巴巴从未将盈利放在第一位，而是始终如一地将客户价值放在第一位，将解决社会问题放在愿景中。马云说："我认为这个世界在呼唤一种新的商业文明。在旧的商业文明时代，企业以自己为中心，以利润为中心，创造价值最大化，获取更多利润。这种商业文明不是以社会为中心。21世纪需要的是有新理念的公司，我们要懂得开放，懂得分享。世界不需要再多一家像阿里巴巴一样会挣钱的公司。世界需要的，是一家更加开放、更加分享、更加有责任心，把社会需要作为中心的一家社会型企业，是来自于社会，服务于社会，对未来社会承担责任的企业。"

5.5   重新定义价值空间，进入无人之境

某一天，你和你的朋友们漂流到一座人迹罕至的小岛上。森林郁郁葱葱，偶尔有野兽出没，身边最热闹的声音就是鸟叫声。此时，你们突然发现一座废弃的山洞，上面有一些特殊的标识。哦，这就是你们要找的海盗藏宝洞了。兴奋之余，你们也发现这个山洞洞门紧锁，你们根本没有进入山洞的钥匙。

从企业商业模式的角度来说，这其实就是典型的发现商业蓝海，但是却没有找到进入这种无人之境的蓝海战略。所谓蓝海，即与红海相对。红海多用来代表当今存在的已知市场，在红海市场，企业有公认的明确界线和一套共通的竞争法则，红海市场上通常呈现一片激烈的厮杀状态。客户的需求已经得到极大满足，甚至处于饱和状态。而与之相对的蓝海，则是另一番景象。蓝海代表目前还不存在的产业、尚未开发的市场空间、新需求的创造以及高营利成长机会。

蓝海战略的钥匙是价值创新，即企业通过剔除现有商业模式中的某些价值元素，增加或创新现有商业模式未能提供的价值元素，重建企业市场和边界，摆脱血雨腥风的红海，进入无人之境。那么，企业如何进行价值创新，开启蓝海战略呢？

企业可以通过用户链、行业链、价值链这三种路径来重新定义价值空间，开启无人之境的价值锁。

5.5.1　价值链：西南航空的廉价航空模式如何盈利

1985年，企业战略专家迈克尔·波特提出了价值链的概念。他认为：每一个企业都是在设计、生产、销售、发送和辅助其产品的过程中进行种种活动的集合体。所有这些活动可以用一个价值链来表明。最初他提出的价值链主要是针对垂直一体化公司的，随着商业国际化的发展，在1998年，波特进一步完善了价值链概念，将价值链的外延扩展到不同的公司之间。

企业要获得生存发展的空间，就必须持续为企业的股东和其他利益集团包括员工、顾客、供货商以及所在地区和相关行业创造价值。企业创造价值的过程分解为一系列互不相同但又相互关联的经济活动。每一项经济活动就是这一价值链条上的一个环节。

在设计企业商业模式时，你可以从发现企业价值链中的低效和浪费入手，对资源、设施、产品、服务等进行重组创新，使得每一个环节都能创造出最大的价值。企业价值链分析可分为这样三个步骤：

第一步：关注企业内部，画出企业内部价值链的各个环节。

第二步：评估价值链的各个环节的价值贡献度以及饱和度。比如，是否存在设备闲置情况，员工的有效工作时长是否存在不足，资源方面是否存在浪费等。

第三步：从这些闲置、饱和、浪费、无效的地方开始，重新创新商业模式。

我们以西南航空的商业模式为例，在传统的航空业里，固定成本占比较高，甚至达到60%。上座率是70%，平均飞行时间是10小时。所以一家飞机平均的使用只有30%，也就是说飞机这个最主要的资产只有30%的利用率。传统航空一般航线较长，短途航线的盈利空间相当低。

　　西南航空在传统航空行业价值链中发现了惊人的浪费与闲置，它的创始人赫伯·凯勒尔说："我们的对手是公路交通，我们要与行驶在公路上的福特、克莱斯勒、丰田、尼桑展开价格战。我们要把高速公路上的客流搬到天上。"西南航空在价值链层面，开始定位于成为全球第一家只提供短航程、高频率、低价格、点对点直航的航空公司。西南航空的目标客户群是对价格敏感的短途商务或家庭旅游者。

　　在这种新的航空商业模式中，西南航空以乘客规模为盈利诉求点，采取了低票价、密集航班、点对点、方便订票、快捷登机，这使西南航空成了名副其实的"空中巴士"。

　　我们从利益相关者乘客角度来说，与传统航空模式不同，西南航空因航线短，不再为乘客提供全方位服务；不设头等舱，但增加了座位；用塑料登机牌代替打印机票；不对号入座，缩减乘客的误点率；在验票速度方面不断提效。这样一来，一方面减少了机组和地面的服务人员，缩减了人力成本，另一方面，也提升了飞机的周转率，为短途航行提效。

5.5.2　用户链：太阳马戏团撬动客户未被满足的需求

　　用户链是以同理心思考，站在客户的角度看问题。在这个过程中，因为视角的转化，我们会发现用户的真正需求是否被满足，会发现用户还有哪些需求是没有被满足的。这些未被满足的需求蕴藏着巨大的商业模式创新空间。

　　太阳马戏团的崛起可谓用户链商业模式创新的典型。太阳马戏团是加拿大蒙特利尔的一家娱乐公司，也是当今发展速度最快、收益最高、最受欢迎的文艺团体之一。在日益没落的马戏行业中，太阳马戏团用20多年的时间成为全球马戏业霸主。而它成功的秘诀就在于通过重新定义马戏团客户群来开拓未知市场。

　　传统的马戏行业曾风靡一时，但随着电视、电影、网络游戏等的繁荣，再加上动物保护等方面的限制，马戏行业市场份额极少，普遍惨淡经营。

对于传统的马戏团来说，目标客户群多定位于儿童。因此，传统的马戏中，小丑、驯兽师以及一些表演项目，都是为了吸引儿童。但这一消费群体对马戏团的需求是持续下降的，比起马戏，现在的孩子们业余生活丰富多彩，对于孩子们来说，游戏、动画片等具有巨大吸引力。

太阳马戏团通过重新定义客户群来发掘未知价值空间。太阳马戏团的客户群已经不仅仅局限于儿童，还包括成年人以及商业人士。太阳马戏团为这些新的客户群体提供了更适合他们需求的马戏。比如，在表演时加入戏剧化的情节和艺术内涵，使马戏变得更为刺激有趣。虽然它的门票比传统马戏门票要高出数倍，但却因为这种蓝海策略，迅速成为全球马戏霸主。

5.5.3 行业链：华为"碰一碰"强势进军NFC

行业链是指各个行业部门之间基于一定的技术的经济关联，并依据特定的逻辑关系和时空布局关系客观形成的链条式关联关系。行业链是一个包含价值链、企业链、供需链和空间链四个维度的概念。行业链的本质概括来说，即描述一个具有某种内在联系的企业群结构。这种内在联系是基于各行业中的企业之间的供给与需求以及相互价值交换的关系。

行业链分析的起点是行业开始的地方，重点则是行业延长的地方。比如，石油行业的行业链中，油田勘探、发现是其起点，塑料品的废弃等是其终点。

在商业模式创新中，我们对于行业链的分析，是跳出企业自身的视角，站在行业的视角来审视当前行业的利润分布以及利润流向情况。行业链分析可分为三步（见图5-9）：

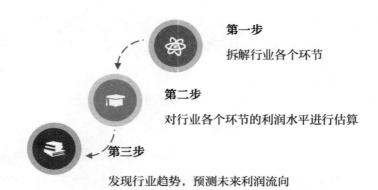

第一步
拆解行业各个环节

第二步
对行业各个环节的利润水平进行估算

第三步
发现行业趋势，预测未来利润流向

图5-9　行业链分析步骤

需要提醒大家的是，利润未必是从高利润环节流向低利润环节的，而通常会流向行业链中新兴的环节。企业在进行商业模式创新时，应在这些新兴环节方面布局。

华为全力进军NFC，华为NFC芯片实现了让用户随意写入、删除、修改的功能。可以说，华为是从行业链角度深挖用户需求。黑天鹅"碰一碰支付"强势入场，给支付宝和微信支付带来强大冲击。

"碰一碰"采用的是华为自主研发的麒麟960芯片，采取的是独有的NFC+inSE模式。该芯片还通过了中金国盛和银联移动支付的双重认证，安全系数方面占取极大的优势。

从用户使用体验的角度来说，使用传统的微信或支付宝支付时需要打开应用，然后找到二维码。而NFC功能，，只要将手机背部接近扫描设备，甚至无需打开手机，就可以直接弹出支付界面，非常便利。

第六章

颠覆：启动裂变模式，改变营销游戏规则

随着大数据、人工智能等技术的发展，营销3.0时代即将过去，随之而来的是营销4.0时代，即整合营销时代。企业的营销中心转移到如何与消费者实现积极参与互动，如何迎合消费升级的价值观。此时，免费、社群、体验、共享、跨界、故事、场景式的营销商业模式成为商业模式创新与重构的重要营销节点。领导者如果能够得心应手运用这几种营销商业模式，就能很快启动裂变模式，改变营销游戏规则。

6.1　免费：关于搭配与组合管理的"古老游戏"

当下，免费这种商业模式大为流行。很多企业、公司、商家看到别人采用免费模式赚得盆满钵满，也开始使用免费模式，可当自己也使用免费模式时，却发现已经走到了悬崖边缘。有这样两家卖跑步机的公司，迫于竞争压力，他们纷纷开始采取"免费"的商业模式。

A公司的广告页上是这样写的：

在公司成立5周年之际，为了感谢回馈广大用户，跑步机免费带回家喽！不想使用，随时退回，返还全额押金。给您最大的实惠，免费，免费，免费！

B公司的广告页上是这样写的：

为了您和全家人的健康幸福，公司在成立5周年之际，特推出免费赠送跑步机的活动。您只需要每天坚持跑3000步，每个月累计90000步，每天记得将结果发送朋友圈，便于公司指导。一年内押金全额退还，跑步机归您所有！

同样是免费，同样是送跑步机，这两家公司的销售结果却迥然不同。A公司的用户经过几天火热的咨询之后，杳无音信；B公司的跑步机在一段时间后，预定数量持续攀升，用户越来越多，销量大幅增长。

为什么会这样呢？要明白免费商业模式失败或成功的根源，我们先要清楚免费商业模式的根本特质。

经济学家克里斯·安德森有一段关于免费商业模式的论述：早期的产品免费，不是一直免费，他卖的不是你现在的需求，而是未来将产生的需求。他现在补贴的钱是为了购买你当下的注意力。然后你再拿着这些钱，去享受免费的商品。与其说，商品免费了，不如说其实是把收费的部分进行了转移，转移到了后续的商品上，或者后续的服务上了。

免费模式要想成功运作，离不开免费模式的三种杀手锏（见图6-1）：

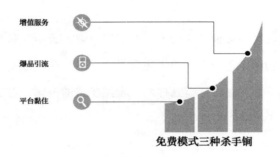

图6-1 免费模式三种杀手锏

（1）增值服务，即根据用户的需求，为用户提供物超所值的、超出常规范围的服务。比如，一些小店铺依托家乐福和沃尔玛的大平台，形成一体化产业链，一起为顾客提供多维度服务，包括独家销售的商品以及办理各种性质的大宗采购会员卡等。这个一体化产业链里各个商业形态，利用这种增值服务，各自赚取高利润。

（2）爆品引流，即你的产品如何让更多人产生购买或使用的冲动，比如，"美的空调只需1度电"，这就是明显的从客户群的强需求点入手，打造的爆品引流策略。

（3）平台黏住，简单来说，就是如何使客户频繁使用你的产品，成为产品平台的忠实粉丝。拿第二家跑步机的广告来说，规定每天的跑步数量，要求每天晒图。这种激励本身一方面使用户变瘦，另一方面，为平台找到了更多的用户。这种方式就大大提升了平台黏住的特性。

免费商业模式在运用过程中又分为多种形式，较为常见的为以下三种：免费多边平台商业模式、免费增值商业模式、诱饵与陷阱商业模式。下面，我们详细介绍这三种免费商业模式的具体运用。

6.1.1 免费多边平台：奇虎360免费背后的盈利模式

在视频网站、电视、广播、搜索引擎等领域，奇虎360会为用户提供部分或全部的免费视频、内容。他们的收益并不来自用户，而是来自售卖广告商位或与其合作的平台。在商业模式范畴内，这种基于广告的免费商业模式就是典型的广告多边平台商业模式。关于这种商业模式的运作方法，我们可以参考奇虎360的运作模式。

360的商业模式颠覆式创新，最重要的一点就是，将贵的东西变成便宜的，将收费的变成免费的。这种商业模式彻底消除了杀毒行业的价格门槛，改变游戏规则。这对竞争对手的冲击力也是相当大的。

2006年，360在运营中就有了"基础服务应当免费"这一理念，而免费也是它的一大卖点。当周鸿祎的360免费服务有了上亿元收入时，周鸿祎却决定放弃这些，甚至放弃上市的机会，使用户永久免费使用360杀毒软件。

当时，很多杀毒厂商看不清360的运营模式，他们实在想不透，360如何将免费进行到底。而这想不透，也恰恰给了360发展机遇。2010年开始，大多数互联网用户都选用了360杀毒软件，此时，360又推出了360搜索，并通过互联网给网民进行推广就能挣到钱。到了2012年，360收入超过10亿元。用户数量达到4亿人。

此时，奇虎360的盈利点已经非常明显，主要有这样四个方面（见图6-2）：

NOD32 及卡巴的代理服务，从中收取代理费

360 网址导航

浏览器的搜索，也就是奇虎论坛搜索

奇虎 360 旗下的奇酷、广告的代理及与游戏方的合作等业务

图6-2 奇虎360的4个主要盈利点

可以说，360的免费多边平台商业营销模式创造了强大的用户价值和商业价值，已经颠覆了整个杀毒行业。

6.1.2 免费增值：任天堂《火焰纹章》大热的根源

世界著名风投专家弗雷德·威尔逊曾经这样描述免费商业模式："免费提供你的服务，可以用广告支持但也无所谓，借助口碑传播有效地获得大量用户，有系统地搜索营销等，然后向你的用户提供增值的附加服务，或你的服务的一个增强版本。"

在免费模式里，最为关键的因素是"大量用户"，有了大量用户就形成稀缺资源，用户愈多稀缺性就愈大，此时，提供增值服务才有价值，才能为企业带来更多盈利空间。成功运用此商业模式的公司共同特点是，用户认可提供的有偿服务是有成本的，用户认为的付费服务是有价值的。免费增值商业模式的推出，取决于与用户相关的三点（见图6-3）：

图6-3 免费商业模式推出时的用户条件

我们以任天堂的免费增值模式为例，据第三方市场分析机构Sensor Tower的统计，任天堂的《火焰纹章：英雄》在推出的第一年，全球营收就已经达到2.95亿美元。《火焰纹章：英雄》是典型的免费增值模式手游，它在全球上线

24小时内，就取得了超过200万次的下载量。

《火焰纹章：英雄》对准了针对玩家"免费游戏充值玩"的游戏套路。免费玩家可以在《火焰纹章：英雄》中轻松刷到难度二的全部章节，而要想继续，就必须有所"氪金"。同时也可以在全部通关之后，在竞技场上与其他高级玩家一较高低。同时，因为游戏中加入抽卡这项氪金元素，规则是只有抽到罕见的五星角色卡，才能在接下来的游戏碾压一切。这使得免费玩家提高了对此款游戏的心理预期与游戏体验感，自觉考虑这款游戏的增值价值。

6.1.3　诱饵&陷阱：吉列创始"剃须刀–刀片"

诱饵&陷阱免费商业模式，最为典型的表现就是，在产品推出初期以低价甚至完全免费的模式吸引消费者。在这个过程中，一些厂家甚至是以亏本的价格来提供产品。一旦消费者"上钩"后，产品会通过采取一定的相关措施来鼓励消费者重复消费，对产品上瘾。商家通过这种后续营销获取丰厚的利润。

诱饵&陷阱这一模式最初来自吉列剃须刀的商业运作模式，因此，又被称作"剃须刀—刀片模式"。我们详细来说吉列剃须刀的商业模式运作方式。

1904年，吉列创始人金·吉列首次向市场推出可以替换刀片的剃须刀组合。为了创造客户需求，他加大打折促销的力度，甚至在顾客购买吉列的其他产品时免费搭送剃须刀刀柄。结果，这一模式获得了巨大成功。

这一模式的关键在于，吉列所提供给消费者的低价或免费的初始产品与消费者的后续消费品之间是一种"锁定关系"，紧密联系，不可替换。这一模式的核心在于：以刀柄为诱饵，而需要不断替换的刀片则成为主要的收入来源。

再加上吉列在专利方面的阻断，竞争者无法用比他们更便宜的方式来为客户提供吉列剃须刀的刀片，吉列依靠这种模式，快速发展壮大。

惠普、佳能、爱普生等生产商纷纷效仿这种"剃须刀—刀片"商业模式，并因此大获成功。而当这种模式运用泛滥之后，雀巢、苹果则使用"反剃须刀—刀片"商业模式，达到了异曲同工之妙。

1986年，雀巢研发出了胶囊咖啡，只要买一台胶囊咖啡机，配上胶囊咖啡，一分钟就能研磨出一杯新鲜的咖啡。最开始他们的营销很不顺畅，两年内后，盖德勒重新定义Nespresso这个项目，规划了盈利模式。公司拟将咖啡机外包给松下、索尼、飞利浦，这些专门卖小家电的品牌渠道，卖完了咖啡机的钱，就归这些小家电的品牌商去赚，基本上相当于公司免费为这些小家电商提供产品。而消费者们因为买了咖啡机，自然就要买胶囊咖啡，而胶囊咖啡实施的是直营方式。在2013年，雀巢一年能卖出50多亿袋咖啡胶囊，年产值超过30亿欧元。

诱饵与陷阱这种免费商业模式，不管是正着用，还是反着用，只要在操作层面体现独特的商业价值与差异化，那么，这种商业模式就会有较大的利润空间。

6.2 社群：找到群体行为的触发点

在生物学中，有一个重要的概念——生物群落。所谓生物群落，即指在相同时间聚集在同一地段上的各物种的种群集合，包括动物、植物、微生物等种群。这些种群并非任意地拼凑，而是有规律地组合在一起，相互作用，相互影响，形成一个稳定的群落。

而社群与群落的概念类似，但这两个概念最大的区别在于，社群有共同的利益基础，更强调内部的社会关系，即社群个体之间的社群情感与社群精神。社群存在有其必然因素。大致有这样三种（见图6-4）：

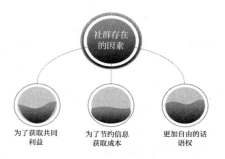

图6-4　社群存在的因素

（1）为了获取共同利益。这里指的共同利益是共同的兴趣爱好以及社会认同感。大部分社群存在的基础就基于某些共同的兴趣爱好与价值观等，比如同样爱好治愈系的音乐，同样属于职场人士等。在这种共同爱好、相似经历、相似取向、相似职业诉求等因素的综合作用下，社群迅速强大。

（2）为了节约信息获取成本。世界著名的网络文化研究者凯文凯利在其著作《必然》中提到，在信息化时代，我们的信息过滤器的精准度会越来越高。而社群是基于兴趣爱好和共同利益所产生，便成为一个半定制型的信息过滤器，使得社群成员从社群中获取有效信息的效率升级。比如一位资深豆瓣用户给出的电影评分，往往也是其他豆瓣用户的参考所在，这大大节省了个体的信息过滤时间成本。

（3）更加自由的话语权。在社群中，个体拥有更多的话语权，个体的观点前所未有地获得重视与相应的反馈，交流更加自由而高频。而这种高频且自由的互动也使得社群组织趋于扁平化，弱中心化的趋势。

清楚了社群的特点，我们在设计社群营销商业模式时就能根据其特点，直击其同痛点，做到有的放矢。一般来说，从以下三方面来进行社群营销，多能创新颠覆传统的社群营销商业模式，达到事半功倍的效果。

（1）内容为王：内容是社群营销的核心与重要竞争力，同时，内容是创新商业模式的重要抓手。

（2）连接思维：连接思维本质上是一种多元联想，连接人与人，人与物，物与物等。这种思维是社群创新商业模式的战略思维。

（3）调动参与感：参与感是社群营销的本质，在社群营销中，可充分利用"羊群效应"心理，激发用户的参与感或从众消费心理。

6.2.1　连接思维：樊登读书会与罗辑思维的连接策略

在美国独立战争前夕，保罗·里维尔和威廉·道斯连夜驱车前往列克星敦。他们两个是沿着两条不同的路线，去传发紧急威胁的情报。他们都竭尽所能地想将消息尽可能传播到更多的城镇。

但两个人的传播效果却大相径庭。里维尔的消息就像野火一样传遍了包括查尔斯顿和梅德福市在内的各个社区。而道斯的消息传播效率极低，在沃尔瑟姆这样的城镇，就连当地民兵领导人也没有得到消息。

这两个人传播的是同一个消息，但为何结果却如此大相径庭？里维尔传播的消息之所以会爆裂式扩张，是因为他拥有一个广泛联结的战略关系网络。里维尔认识很多人，他每来到一个城镇，都确切地知道谁是该镇的首要人物，应该敲哪家的门。这些城镇的领导人得到消息后第一时间亲自去向全区传播威胁警报。而道斯则无类似的联系网，消息没能及时快速传开。

在这里，里维尔传播消息的思维方式就是典型的连接思维。从商业模式的角度来说，所谓连接思维，即联合知识、抱负和人力资本，在全球范围内缔造产生前所未有的价值和意义的连接的能力。它通过快速、高效而有创造性地帮助人们获得支持者、推动创新、制定策略并落实方案以解决重大问题。

在互联网时代，连接思维正在改变一切。雅虎缩短了人与媒体的连接，谷歌缩短了人与信息的连接，Facebook缩短了人与人的连接……在许多成功的企业营销商业模式中，连接思维是不可或缺的一种能力。在社群营销中，连接思维的威力尤其巨大，企业或自媒体机构只要将连接做到位，把内容放到特定的社群网络节点，就能迅速引爆社群，完成病毒式传播。

举例来说，樊登读书会自2013年成立以来，已经有200万左右的会员。樊登读书社群不仅提供一年50本书的伴读服务，更会举办一些读书会以及讲座、学习趴、笔记漂流、书籍交换等会员互动活动。这种做法极大地促进了会员之间的交流沟通，使得会员们彼此之间的连接更为紧密。樊登读书会也由此逐渐形成一种自运转、自组织与自循环的良性发展轨迹。

再比如，罗辑思维的社群构建主要通过三种方法来强化会员之间的连接。第一，用户群确定为85后爱读书的这批人，通过会员入会收费制度，确保会员的行动力。会员在社群中越活跃，会员之间的连接沟通机会就越多；第二，为了进一步巩固会员们的"自己人效应"，罗辑思维会在每天固定时间段发送语音消息，提醒用户在固定时间段养成阅读的习惯；第三，多次举办线下活动，比如"爱与抱抱""霸王餐"游戏等，通过这些线下活动强化会员之间的连接与互动，增加社群黏度。

6.2.2　内容为王：独角兽Keep三年1.8亿用户的真相

1900年，做轮胎的米其林公司推出了一本供旅客在旅途中选择餐厅的指南《米其林指南》，这本封皮为红色，页码有400页的指南书第一版免费发行了35 000册。米其林公司推出这本册子的目的是指导驾驶员如何正确进行轮胎保养，如何更多销售轮胎以及寻找舒适住所等。一开始，的确是有预期的效果。

经过多年发展，《米其林指南》开始每年为法国的餐馆评定星级。《米其林指南》每年翻新推出的《米其林指南》被"美食家"奉为至宝，被誉为"欧洲的美食圣经"。随着内容的沉淀以及用户的分化，《米其林指南》从米其林公司分化出来，成为美食这一垂直领域的新社群商业大咖。

从米其林在美食领域的崛起可以看出，内容是其社群商业模式的核心，是其引爆社群营销的巨大影响力。米其林美食社群的崛起，可以说是社群经济的典型代表。在任何的社群体系里，你需要思考的首要问题都是：这个社群为什么吸引你？真正吸引你的是什么？事实上，在社群商业模式中，内容为王，内容甚至等同于社群产品价值。社群的用户消费的其实不仅仅是你的产品，更是一种社群构建的共同的内容理念。

我们以运动APP代表Keep为例，Keep于2015年2月4日上线，2019年时，Keep的注册用户已经突破1.8亿户，月活跃量超过3 000万户。四年中，Keep更是经历5轮融资。这只独角兽飞速成长的秘密是什么？内容为王。Keep在创始之初，其创始人王宁就提出了基本定位——我们是一家以内容为核心的运动科技平台。

Keep的内容建立在用户需求基础之上，从百度数据Keep用户属性来说：Keep用户年龄最主要集中于30~39岁这个年龄段，其次为40~49岁以及20~29岁这两个年龄段。男女性别分布比例相当。从用户地域属性的角度来说，北京、广州、深圳等一线城市用户较多，二三线城市用户数量锐减。而一些偏远地区，使用keep的人数几乎可以忽略。

因此，可以说，keep的精准用户为：主要以生活在一线城市的上班族、都市白领、大学生群体。基于这种用户定位，Keep深挖用户需求，在此基础上深耕健身内容，同时，布局适合用户的城市健身空间、智能健身软件、健康轻食等领域。

Keep功能包括"社区、搜索、运动、计划、我"这五部分。以Keep的"搜索"这一功能来说，主要由这些模块内容组成（见图6-5）：

课程与挑战　　运动商城　　健康轻食　　硬件商店　　**Keepland**

图6-5　Keep"搜索"五大模块

以"课程与挑战"这一模块举例：

Keep的课程在横向维度上，囊括多种健身课程，有燃脂、塑形、拉伸、瑜伽、骑行等热门课程，还有能满足不同用户的个性化需求的私家课。随着中老年用户的不断扩大，Keep还研发了适合中老用户的"太极Fit"这种特色内容。

从纵向维度来看，Keep将内容做到了极致。Keep与维密和漫威合作；根据维密天使的身材特点，开发维密天使腰腹类训练课程，并请当红维密天使示范展示规范动作；Keep根据漫威系列英雄特点，开发出铠甲胸肌线、奇异博士冥想等课程。这些特色内容使用户数量陡增，大大提升了用户黏性。Keep在内容研发方面精益求精。比如，Keep通过AI发现，大学生这一群体寒暑假使用Keep的频率最高，而一旦过了寒暑假，使用频率较为低迷。通过调研，发现原因多集中在这几方面："不愿意回到宿舍蹦蹦跳跳打扰他人""宿舍面积小，而运动有对面积场地的要求""回到宿舍已经熄灯，不方便运动"等。Keep抓住这一小众群体的需求："希望晚上能够照样运动，且不打扰他人。"由此，Keep开发出零噪音减脂训练课程，课程上线后，它的训练数据在所有减脂内容品类里排名前五，累计使用用户人数达到600多万人。

当然，这只是Keep在内容领域深耕的"冰山一角"，Keep其他功能模块中的内容也同样秉承了"内容为王"的理念，多维度进行商业模式布局，不仅有温度，更有体感。Keep逐渐成为引导人们健康生活方式的领先运动品牌。

6.2.3　调动参与感：小米启动从众效应，点燃发烧友热情

在20世纪70年代末，社会学家马克·格兰诺维特提出了这样一个问题：如果一群本该遵守社会规范的人打破了规范，那么究竟是因为社会准则的问题，还是因为每个人不同的动机造成了出乎意料的后果？

格兰诺维特虚构了一个模型，他假设有100个人聚焦在广场，场面有点混乱。在第一个场景中，一个肇事者打碎了一面大玻璃窗，这引发了后来第二

个、第三个人甚至群体的暴力事件。而在第二个场景中，一位肇事者打碎了一面大玻璃窗，不同的是，其他人并没有跟着参与。为什么会造成两种不同的状况？格兰诺维特给出的解释是，实际上只有一个人发生了转变，但这种微小的道德层面的转变影响到整个局面。

消费者的购买行为除了个体因素的影响之外，也同样会受到群体行为的影响，而这种影响的结果也呈现出两种截然不同的状态。在第一种状态中，由于某个人的影响，第二个消费者会跟进，紧接着是第三个消费者。消费者接二连三进行跟进，最终引爆产品的营销。而在第二种状态中，虽然某个人选择了产品，但群体并没有受到他的影响，产品营销业绩平平。

消费者所表现出来的第一种情境，其实就是典型的"羊群效应"。所谓"羊群效应"，是指个人的观念或行为由于真实的或想象的群体的影响或压力，而向与多数人相一致的方向变化的现象。表现为对特定的或临时的情境中的优势观念和行为方式的采纳，表现为对长期性的占优势地位的观念和行为方式的接受。无论意识到与否，群体观点的影响足以动摇任何抱怀疑态度的人。群体力量很明显使理性判断失去作用。

但是，要启动消费者这种"从众心理"，是需要一定的触发点的。价格差异化，制造产品短缺、供不应求现象，可有效吊起群体的胃口，触发群体消费行为，使群体对产品趋之若鹜。

小米在最初上市时，经常断货、售罄。小米每次在推出新品时，常常在几十秒的时间里就会售罄，海量的消费者也都铆足了劲抢购。还有很多消费者在不清楚购买什么手机的时候，发现突然有如此海量的用户都在疯抢一款产品，这直接导致了他们跟风购买。

面对这样的形势，小米在现有消费群体的基础上，加快新机型的研发，扩大销售人群。 小米在宣传上下大力气，主要是通过网上宣传进行传播，人为造成供不应求的现象来点燃用户的从众心理。小米的这种营销方式使小米销量大幅度提升的同时，还因过高的性价比建立起良好的大众口碑，树立起"为发烧而生"的品牌形象。

小米这种"虐心"的营销方式，对消费者心理带来了严重干预，而且依靠这种心理干预获得很好的销售业绩和市场效果。因这种销售战略的影响，小米成立3年后，就已经登上《财富》杂志"最受赞赏的中国公司"排行榜，成为榜单上最年轻的公司。

6.3 体验：参与感是用户无法抵御的吸引力

以往，品牌和媒体对消费者的影响力是巨大的，很大程度上能主导消费行为。如今，随着消费渠道的多元化、消费者消费意识的崛起，人们的消费观念从功能式消费、品牌式消费、体验式消费，依次发展到如今的参与式消费。

在新型消费观念下，传统的营销商业模式正在遭受巨大挑战。越来越多的企业也开始调整自己的营销商业模式，已经从传统单一地为消费者提供产品和服务的过程，逐步将品牌建设的话语权交给了消费者，使消费者积极参与。企业不仅仅是将产品的卖点设计与客户需求同步，而且是将"产品如何走向市场"与不断变化着的客户消费方式匹配。企业在强化客户参与营销的同时，与客户之间建立了一种相互尊重、信赖的合作伙伴关系，不仅大大满足了客户的需求，而且企业营销利润也呈几何级增长。客户参与式营销，包括：

用户参与企业关于产品的承诺；

用户参与产品的创意、设计、升级以及使用领域的延伸；

用户参与产品的生产、研发；

用户参与产品价格的制定；

用户对企业或产品的监督式参与。

参与式营销可持续了解客户的想法和需求，又可在价值交换时与客户进行有效互动，充分调动客户的参与热情，使产品迅速火爆。参与式营销要以客户的五种维度体验为基础，即产品的实用性、易用性、合作性、社交性和享乐性（见表6-1）：

表6-1　　　　　客户5种维度的参与式营销

产品的实用性 ●创造身临其境的感觉 ●形成交互目标 产品的易用性 ●使用户使用简单、便捷 ●提供个人化支持 ●提供清晰的产品导航指引 产品的合作性 ●建立"共创系统"	产品的社交性 ●吸引关键大众 ●鼓励彼此合作 ●关注对话 ●注重信息社交性传播 产品的享乐性 ●提供具有挑战性的任务 ●给予一定的娱乐享受

那么，从产品层面来说，企业在整个营销过程中，应怎样调动客户的参与感，才能使客户充分参与到产品的运营过程中，并产生超预期的营销效果？

这里提供三种有效诱发用户参与感的方式：一是调动用户体验的颠覆式创新，给用户带来不断升级的体验感；二是逆向营销，从用户出发打响品牌战；三是价值逻辑重置，以用户思维来调动用户的参与感。

6.3.1　体验的颠覆式创新：360的客户体验崛起之路

这是一个颠覆常态的时代。公司要想不断成长，免于被颠覆的一个最重要的因素就是对用户体验的精准把握与持续关注。当然，如果一家公司要想崛起，也需要以用户体验为出发点，在用户体验上做颠覆式创新。

所谓用户体验上的颠覆式创新，用360创始人周鸿祎的话来说就是："把复杂难用的东西变简单，把笨重的东西变便携。"

360的崛起，不仅仅在于其在商业模式上的颠覆，将杀毒软件的价格变成了零，而且更离不开360在用户体验方面的颠覆式创新。

360团队曾花费一年多时间埋头苦干，做了一些看上去不起眼的事情，从细节处一点一点改善产品体验感。

他们将传统的一启动电脑就开始扫描的做法进行了改良，360杀毒软件在电脑启动后不扫描，而是在用户处理完一些事情后，才开始在后台扫描。

他们解决了杀毒软件因为卡而变慢的问题，使软件杀毒更快更流畅。在以往，传统的杀毒软件一旦扫描出木马病毒，不管死的活的都会上报。周鸿祎和团队改变了报告病毒的规则，杀毒的时候报毒，并且迅速查杀处理。

他们将杀毒软件的界面简单化，只要三个按钮，其余技术转入后台。保留的三个按钮：快速扫描、全盘扫描、指定位置扫描。事实证明，用户更喜欢简单的界面，用起来更方便快捷。

此外，他们还将产品设计为默认开启免打扰模式，尽量不打扰用户，不占用电脑资源。在用户玩游戏、看电影、工作时，不弹窗提示，推迟升级、查杀任务。

总之，360团队的目标只有一个：让杀毒软件易用、有效，让用户用起来感觉爽。当2009年11月，360正式推出"360免费杀毒正式版"时，给用户带来了很大的惊喜。

6.3.2 逆向营销：小米的参与感三三法则

1991年，品牌管理专家大卫·艾克在综合前人的基础上，提炼出品牌资产的"五星"模型，认为品牌资产包括：品牌知名度、品牌认知度、品牌联想度、品牌忠诚度和其他品牌专有资产（品牌溢价力、品牌美誉度）。这些资产通过多种方式向消费者和企业提供价值。

在品牌资产的五种模型中，品牌知名度与品牌认知度属于浅层品牌资产，它们是品牌成功的基础，但并不构成品牌成功的优势。品牌忠诚度、品牌联想度和品牌溢价力等属于深层品牌资产，它们为品牌带来更多市场份额和丰厚的利润，使品牌更具有竞争力。

传统的企业产品在品牌营销层面，都是先易后难，先培养产品的知名度，继而是美誉度，最后才是忠诚度。但在互联网时代，这种传统的营销方式显然具有一定的滞后性。如今，一些典型的成功企业，都是采取了逆向思维，先培养忠诚度，再培养美誉度，然后才是知名度。

小米就是典型的逆向营销思维。小米副总黎万强概括小米调动用户参与感的法则——参与感三三法则（见图6-6）：

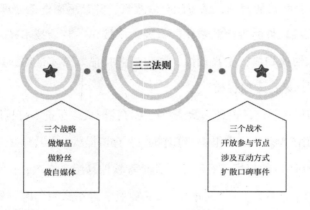

图6-6　小米的参与感三三法则

以MIUI参与感的构建来看，MIUI除了工程代码编写部分，其他的产品需求、测试等都对用户开放，并且根据用户的不断反馈来对产品进行更新迭代，使企业与用户双方都得到获益。MIUI的互动设计基于论坛讨论来收集需求，并在每个固定的"橙色星期五"更新。MIUI为最早参与的用户拍了微电影《100个梦想的赞助商》，通过鼓励用户分享，不断制造并放大良好口碑。

正是用户的这种深度参与，使小米的MIUI收获了令人吃惊的好口碑。这份口碑，也构成了小米在日后发布手机后火爆的用户基础。小米MIUI靠着开始的

100位用户一下子收获了50万名发烧友粉丝。然后这50万名发烧友又为小米持续带来新的粉丝用户，截至2017年，小米全球用户已突破2亿户。

小米从用户参与感切入，满足用户"在场介入"的心理需求。当用户真正地参与到企业产品研发或销售活动中来之后，就会自然而然希望自己所参与的项目能成功，并为此愿意通过吐槽、转发、提供建议等手段进行互动，产品的用户忠诚度自然就建立起来了。这些用户用口碑引发的裂变效应，自然而然就培养起产品的美誉度、知名度，使营销呈现持续火爆场面。

6.3.3 价值逻辑重置：今日头条变"编辑权"为"用户权"

企业的运转都遵循着一定的价值逻辑，并以此来将企业的愿景、资源、活动、用户等因素组织起来，完成从创造价值到实现价值的闭环。在传统的企业商业模式里，企业员工是企业价值的创造者，而体验式经济时代，依靠传统的这种员工创造价值的方式已经很难制胜，而颠覆这个层面，使用户成为价值创造者则为企业商业模式的创新提供了更多可能性。

今日头条为什么能够在腾讯与网易把持的手机新闻市场创出一条路子？这得益于今日头条商业模式中价值逻辑的重置，将选取信息的主导权从编辑手中转移到了用户手中，并且让整个过程能够随着用户使用频次的增多变得愈加的精准。概括来说，即将"编辑权"变为"用户权"。

与传统手机新闻平台的客户端有人工编辑来推送新闻的商业模式不同，今日头条的推送方式为"用户分析+搜索+推荐"的个性化技术型模式。在传统新闻平台中，用户看到的更多的是门户类网站的延伸，内容千篇一律。而在今日头条，根据用户的独特性大数据分析，只推送给用户感兴趣的新闻。这种精准投放的方式，大大提高了用户黏性，极大地助力了今日头条的增长。

打破原有商业模式中的价值逻辑，进行创新重置，最重要的一点是——企业的视野。企业必须站在更为宏观的层面，来观察自身企业在同类平台中所扮演的角色是什么，同类平台在价值创造方面的趋势是什么？随后到来的时代人口结构、社会文化对行业会产生什么样的影响？企业只有保持一种敏感洞察的思维，从更为宏观的层面去思考企业商业模式的创新方向，才能得到与众不同的洞见。

6.4　共享：从吃独食到分享未来

　　一个小伙子有一辆车，原来都是每天自己一个人开车上下班，后来他觉得一个人开车浪费油钱不说，一路上也怪沉闷的。后来小伙子发现顺风车和专车很火，于是，他下载App，注册成了"司机"。现在，小伙子每天上下班时间都会打开软件，看看附近有没有乘客。自从注册成了司机，小伙子每天都能赚点外快，还有乘客会经常和他聊天，这么一来，每天上下班这段在路上的时间有了一种枯燥工作之外的乐趣。

　　小伙子这种与别人分享自己的车，为对方提供便利的同时，也为自己带来好处，可谓双赢。这种方式就是典型的共享经济商业模式。所谓的共享经济商业模式，即将闲置的资源与其他人共享，提高资源利用率，并从中获得回报。共享经济的理念就是，共同拥有而不占有。共享经济的本质是整合线下的闲散物品、劳动力、教育、医疗、金融等各种资源，它实际上是陌生人且存在物品使用权暂时转移的一种商业模式。

　　共享经济这个术语，最早是在1878年由美国两位社会学教授马科斯·费尔逊和琼·斯潘思提出的。它牵涉到三大主体（见图6-7）：

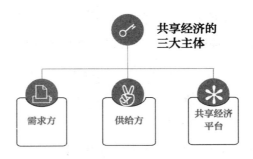

图6-7 共享经济的三大主体

其中，共享经济平台作为连接供需双方的纽带，目的是使得供给与需求方通过它进行交易。在使用共享经济模式时，需要注意：首先，企业找到的方向必须是资源过剩或者是稀缺的领域。为什么这么说呢？无论是知识、时间还是物品等，一旦出现盈余或稀缺这样两个极端时，共享才有价值和意义；其次，你的共享经济平台是一个撮合双方的介质，需要通过云计算与区块链相结合的方式，来对需求群体进行按需分配，构建双方信任体系；最后，你要想使共享的双方可以在其中获得一定的回报，就不应将这种回报局限于金钱层面，比如，喜悦的心情、成就感、满足感等心灵层面的回报也可囊括其中。

6.4.1 共享模式维度：八年市值200亿美元！WeWork如何做到

"当你有通过自己的双手来改变世界的意愿时，当你的工作有着实实在在的意义，当你发自内心地热爱你的工作时，成功和金钱都将随之而来，而幸福也包含在其中。"这是WeWork创始人亚当·诺伊曼、米格尔·麦克凯尔维一直秉承的理念。

创建于2010年的"WeWork"联合办公公司已经有8个年头了，它的估值截至目前达到200亿美元。在公司成立之初，亚当·诺伊曼的办公室很不景气，拖欠房租，几近倒闭。为了缓解经济压力，他开始出租办公室空间，此时，米格尔·麦克凯尔斯来到了这里。他们二人通过调研发现，大公司的工作机会越来越少，更多有一技之长的人开始选择个体或小型工作室的模式来创业。他们注册了公司，开始出租办公室空间，为初创人群提供体面、功能齐全、价格便宜的办公室服务。"WeWork"办公室在装潢方面犹如精品酒店，有美食酒吧、咖啡厅等。

用户需要先注册成为"WeWrok"的会员，然后就可以租用他们固定的工位，月租金在400美元左右，如果有会议需求还可以租用大圆桌。在这里，不同行业，不同公司的人互相交流、学习，除了工作之外，租客们还可以自发组织读书会、瑜伽或冥想等活动。他们逐渐将WeWrok打造成一个充满激情的和谐社群。目前，"WeWork"仍然是纽约最具价值的创业公司之一。

在短短的时间内，从一个二房东到全球巨头，这位共享经济鼻祖是如何设计他的共享商业模式的？事实上，任何企业在设计自己的共享商业模式时，都可以使用共享商业模式罗盘这个工具。

战略学者博伊德·科恩通过对几百家共享经济体创业公司的研究，提出了共享经济商业模式的6个维度。其中，每个维度中又包含有3种类型的选择。他的这一研究成为共享商业模式分析以及创建的一个重要工具，即共享商业模式罗盘（见图6-8）：

图6-8　共享商业模式罗盘

交易模式维度主要包括市场型、替代型、免费型这三种模式。Uber的交易模式里，不但可以根据需求来制定不同的价格，同时还可以进行高峰动态定价，属于市场型交易模式；巴西时间银行Bliiva，通过允许服务商在同社区的某人日后所提供的服务来进行交易，从而赚取"时间金钱"，属于替代型交易模式。共享单车领域多是采取只收取少量押金或不收押金的模式，他们属于免费型交易模式。

商业推广维度主要包括利润驱动、混合模式、任务驱动这三种模式。Uber、Upwork和eBay属于典型的利润驱动型模式。以减少城市污染与拥堵为目标的Zipcar通过提供车辆来减少城市问题，同时也赚取一定利润，属于混合模式；Kiva则是典型的任务驱动型的公司，他们成立了一个"通过借贷关联起人群，从而减少贫困的非营利组织"。

管理模式维度主要包括传统管理结构、协同治理、合作治理这三种模式。一般来说，一部分采取共享商业模式的保守公司仍然会采用传统的公司管理方式；一些得到风险资本支持的企业，如Uber、Upwork等，采取了协同治理方式；Kiva则是通过平台在采购、实施和监控其资助的项目方面与用户和其他利益相关者展开广泛的合作管理模式。

平台类型维度主要包括B2B、B2C、P2P这三种。P2P即点对点的平台类型是共享模式下最为常用的平台类型，诸如，Airbnb、Task Rabbit、Indiegogo等，都是平台提供商几乎不拥有平台的共享资产，这些平台属于P2P模式。其次，B2B、B2C也是较为常用的平台类型。比如，卡特彼勒公司创立的Yard Club这样的公司，专门为卡特彼勒在建筑工地租赁拖拉机提供便利，他们采取的是B2B平台类型。Zipcar选择拥有在用户社区内交换的资源，这是典型的B2C模式。

技术共享维度主要包括技术驱动、技术支撑、低/无技术这三种类型。诸如Kickstarter和Indiegogo等在线门户网站的众筹网站属于技术驱动型，他们通过技术与用户连接且不需要线下协助。大多数初创公司，诸如爱彼迎这类公司，属于典型的技术支撑型商业模式，依赖技术来进行沟通；共享厨房则属于一种低技术或无技术型的商业模式。

资源共享维度包括共享新资源、资源的新用途、充分利用未利用的资源这三种。其中，Zipcar是用过利用新资源、优化新资源的模式，它的车队由新的车辆组成。Wallapop的二手商品是属于资源新用途模式，他们大量挖掘现存资源中未被利用的资源。

6.4.2　风口之争：摩拜扶摇直上，哈罗后来者突围

互联网时代，最为人人津津乐道的一句话就是："站在台风口，猪都能飞上天。"风口已经是炙手可热的词汇，不论是互联网企业还是传统企业，大家在谈论商业模式时，风口这个词汇都会脱口而出。很多初创企业都在急着寻找下一个风口或者急着紧跟目前的风口顺势而为。

以共享经济这种商业模式来说，摩拜、滴滴可以被普遍认为站在了风口上。其实，成就它们的不是风口，而他们自身就是风口的制造者。

摩拜创始人胡玮炜创始摩拜的初衷是一种单车情节与低碳环保的出行方式。她的想法来源于自身对自行车的热爱，夕阳下，微风中，骑着心爱的单车轻松惬意享受生活。她自己曾坦言，如果失败了就当做公益。摩拜前CEO王晓峰就直言："没觉得我们有竞争对手，我们做的就是努力让更多人骑车，把自己的事情做好。"他认为，如今交通拥堵、环境污染等社会问题，需要有人站出来带头解决，于是他们就站出来了。

摩拜的共享模式中融入的是"科技＋环保"的出行服务，摩拜一直考虑的是将商业模式和社会价值相融合，为用户提供良好的体验。摩拜的商业模式是一种可持续发展的商业模式。摩拜共享单车极大地满足了市场需求，还降低了市民对汽车的依赖，减轻了交通压力，减少了环境污染，并且解决了城市"最后一公里"的出行难题。

摩拜的模式是从0到1的商业模式，他们从无到有在市场环境中证明了自己，引爆了舆论、资本与创业市场。从摩拜共享商业模式的成功中不难看出，利于创造并引领风口的项目多具备这样几条典型特征（见图6-9）：

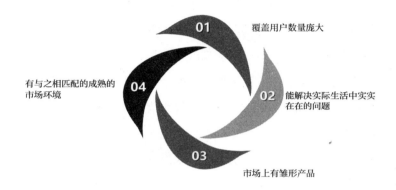

图6-9　创造、引领风口项目的典型特征

并不是所有的企业都能成为创造并引领风口的企业，更多情况下，如果能发现风口，顺势而为，也可以同样做到借势上位。当然，追风者也分不同的类型，有的是单纯地模仿和跟进，有的是移花接木借势市场热点等。作为追风者，一味地模仿与抄袭，不但不能顺风而起，而且可能摔得很惨。所有的风口都是风险与机遇并存，而如何找到风口以及使用风口又是需要一定的策略的。

我们以共享单车行业突围而出的哈罗单车来说，哈罗单车于2016年9月启动，它仅仅用了不到两年时间，就已经进入行业前三名。哈罗单车在二三线城市占有率达到第一。哈罗单车同样备受资本青睐，在2017年12月，就已经完成了D轮超过30亿元的融资。为何在共享单车行业区域萧条，许多企业倒闭的情况下，哈罗能够做到异军突起？这就要说到它的商业策略。

哈罗在开拓市场初期就不走寻常路，在其他竞争者都于一线城市布局作战时，哈罗则选择"农村包围城市"的策略，首先从二三线城市开始布局市场。这种策略一方面使哈罗单车避开了一线城市的白热化竞争，减少了运营成本；

另一方面，也满足了二三线城市共享单车市场的需求，迅速占领了市场空白。

从单品的角度来说，哈罗因运营成本低，就把更多的钱放在了开发高品质智能自行车方面，哈罗还通过智能技术手段，有效控制了共享单车后期的维护成本。哈罗的这种低成本高效运营方式还使得它通过数据延伸至更多服务场景。

从押金的角度来说，历来，对于共享单车来说，用户押金一直是用户选择单车品牌的一道坎。因此，有很多新型的单车都会由于押金问题导致注册用户数量少，企业逐渐走向倒闭。而哈罗单车的策略是不同的，哈罗单车启动全国芝麻信用免押战略，成为国内首个在全国推出信用免押的企业。这种策略打消了用户对押金的担心，自然而然吸引了更多用户。

可以说，哈罗单车的异军突起得益于他的理性化、智能化运营与出行生态全局化，创新的商业策略才是其借助风口飞起来的势能。

6.5　跨界："1＋1＞2"的创意启动方式

各路大佬纷纷玩起了跨界。泸州老窖，一个传统卖酒的品牌出了香水，一天之内爆卖1 000瓶，官网都断货，很多时尚女孩子还吐槽想买却买不到；汉堡王不止卖比萨、汉堡、饮料，还卖起了香水、口红、面膜、洗发水；肯德基推出了"点指回味"指甲油和少女心满满的草莓冰激凌味道口红；可口可乐做出了原味、香草、樱桃、雪碧、橙味芬达和草莓芬达6种口味的口红，还特意提醒：百分百不含卡路里……

移动互联网时代，市场发展相对成熟，竞争激烈，显而易见的市场机会基本不存在了。传统的单一的市场营销商业模式开始面临瓶颈，逐渐失灵，而移动互联网时代的典型思维——"跨界"商业模式，越发能凸显出它独一无二的优势。正如马云所说："这是一个摧毁你，却与你无关的时代；这是一个跨界打劫你，你却无力反击的时代；这是一个你醒来太慢，干脆就不用醒来的时代；这是一个不是对手比你强，而是你根本连对手是谁都不知道的时代。"

互联网跨界商业模式主要表现为两种（见图6-10）：

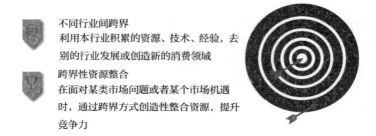

不同行业间跨界
利用本行业积累的资源、技术、经验，去别的行业发展或创造新的消费领域

跨界性资源整合
在面对某类市场问题或者某个市场机遇时，通过跨界方式创造性整合资源，提升竞争力

图6-10　互联网跨界的两种商业模式

小米、万达、阿里巴巴采取的是第一种跨界形式。小米最初只做手机，如今小米已与"美的"约会，与其在智能家居等方面进行合作；万达是做商业地产的，但后来又大力发展电影业院线平台。阿里巴巴最初是做电商的，如今阿里巴巴在娱乐、智慧交通、房产等领域都获得了很大的发展空间。

现在比较热门的共享单车行业，其实是采取了第二种跨界模式，它整合了自行车制造业、（移动）互联网、智能锁、物联网、GPS、移动支付、大数据、互联网金融等各种行业资源，从而获得了极大的成功。

IDEO公司的总经理汤姆·凯利说："跨界能产生神奇的效力，拥有这一本领的人，就拥有不可思议的魔力。"那么，如何引领企业商业模式的跨界，怎样的营销逻辑才是跨界思维的正确打开方式？我们详细来说。

6.5.1　跨越行业边界：知乎酒店拓宽知识的边界

歌德曾说："每一种思想最初总是作为一个陌生的来客出现的，而它一旦被认识的时候，就可能成为改变社会的滚滚潮流。"

在一个跨界时代，市场边界逐渐模糊，企业要想获得持续发展的动力，必须突破原有的行业界限，进入行业以外的领域跨界发展。而无边界竞争思维是这场新的商业形态塑造的主导型战略思维。所谓无边界竞争思维，即企业打破了原有的定位的限制，在无边界经营、竞争中创新，这种战略思维能使企业创造出颠覆式的商业模式，而这种颠覆带来的通常是裂变式的客户群体与营销业绩。不同行业之间的跨界营销需要考虑六条原则（见图6-11）：

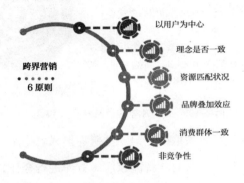

图6-11　跨界营销6原则

（1）以用户为中心。合作企业之间是不是都是以用户为中心，强调用户体验、需求、感受，这是跨界营销实施的基本点。

（2）理念是否一致。品牌理念的一致性有助于双方发现更多共同的利益诉求点，实现相互品牌之间的关联。

（3）资源匹配状况。两个品牌在战略、消费群、市场地位等资源势均力敌时，才有助于发挥更大的协同作用。

（4）品牌叠加效应。两个品牌能在优势与劣势上进行相互补充，将各自的优势转移到对方品牌身上或对方品牌传播方面，达到双方优势资源的整合提升。

（5）消费群体一致。双方企业或品牌具备一致或者重复消费群体。

（6）非竞争性。参与跨界营销的企业或品牌应是互惠互利、互相借势增长的共生关系，而不是此消彼长的竞争关系。如果双方品牌上不具备竞争性，则更容易结成联盟。

我们以知乎与亚朵在上海跨行业打造的"有问题"酒店为例，它是由亚朵上海徐汇店改造而成，融合了"知识+酒店"的全新空间，目标客户群为年轻群体和中产人群，致力于构建具有人文气息与沉浸感的旅行居住环境。

"有问题"酒店，融入众多的知乎元素，比如知乎的标志吉祥物，酒店的每个角落都是知乎的"问题"，入住者可以随时解答这些问题。入住者还享有"知识充电"服务，通过房间内的视听设备免费收听、观看知乎各品类付费产品，不断提升自己。

"有问题"酒店还为入住者构建了一些专属空间，比如，三楼以旅行为主题的空间，处处都有知乎中与旅行相关的内容与问题，入住者可以通过扫码看问题并回答问题。四楼是以电影为主题的空间，除了知乎用户推荐的影片之外，墙面上还布置了经典影片的海报和经典台词，通过视觉化的引导和沉浸式的体验，使入住者沉浸在电影中的世界里。

此外，酒店的餐厅、洗衣房、门头、读书处等各处，都有着浓郁的知乎味道，比如餐厅融入"知食"元素，读书处摆满了书籍等。

知乎通过与亚朵酒店的这种跨界合作，打造知识X计划，拓宽知识边界，为客户群创造获取与分享知识更加便利的场景。知乎这种跨界营销既帮客户群发现了更广阔的世界，又大大扩展了自己的影响力。

6.5.2　资源的整合与协同：拍拍贷借《猎场》演出"宫心计"

跨界需要极强的整合思维，将有关产品的各种经历、事件、想法、概念等串联起来，即便是那些看起来风马牛不相及的事物，也能巧妙地联系在一起，创造出使人耳目一新的东西。跨界营销打破传统营销模式，寻求非业内合作伙伴，发挥不同类别品牌的协同效应。让原本毫不相干的元素，相互渗透、融合，从而给品牌一种立体感和纵深感。

企业在选择跨界资源整合的伙伴时，需要从三方面来考察合作伙伴的资源，以便双方在合作之后能达到强强联合，通过整合资源实现双赢的目的。这三方面包括：

是否在线上线下都具备庞大的流量；

是否和本企业的客群用户重合度高，越高合作的空间越大；

是否有益于彼此的场景切换。

举例来说，大剧《猎场》集高颜值、好题材、硬剧本等大卖点于一身，未播先火是"情理之中"。当红实力派明星胡歌曾多次表示："《猎场》的剧本是我看过最好的"。《猎场》没有套路，没有噱头，好的故事会带来大量的粉丝以及口碑。

著名网贷品牌拍拍贷在营销方面，选择与《猎场》进行跨界内容合作营销。拍拍贷网贷平台用户基数5 000多万，它一直专注于小额借贷服务，在行业里，它以产品过硬、信得过著称，它不玩套路，带给用户实实在在的便捷。

这么看来，这两者之间确实有不少契合点。拍拍贷选择了剧中的"创意中插"广告，将自身产品"高效、透明"等特点与《猎场》剧集结合得相当完美。比如拍拍贷邀请《猎场》女一号出演，以"借钱难"为主题演出一幕幕借钱"宫心计"，将传统借钱的尴尬表现得淋漓尽致，从而凸显拍拍贷的卖点。可以说，拍拍贷以创意知名，给用户带来耳目一新的跨界体验。无疑，这是一次成功的跨界创意营销。

6.6　故事：从神话到意义的煽动者

有两个捐款箱摆在你面前，它们都有各自的宣传信息，你看完后，更倾向于捐哪个？

A.某国家受灾的统计人数和统计数据

B.讲述一个七岁小男孩跟随维和部队，只为喝口水的心酸感人
的故事

一般人肯定会选择B，为什么？因为比起枯燥的数据，人们更容易被生动
具体的故事所打动。大脑研究学者尼尔·帕特尔通过对大脑的研究指出，人类
的大脑对说故事的方式进行沟通存在固定的反应区域。他发现，人类以说故事
的方式沟通的行为已经有40 800多年的历史；在人们的日常生活中，故事以及
小道消息其实占了日常对话的65%。可以说，故事是最有效的能够提高人们参
与度与说服他人的方式。

著名趋势专家丹尼尔·平克说："我们已经进入了一个全新的时代——一
个建立在创造性思维全新的和全局能力基础上，以创意、共情、模式识别、娱
乐感和意义追寻能力主导的概念时代（Conceptual Age）。"

在这样一个时代，客户接受产品信息的方式也发生了一定的变化，他们
更喜欢创新型和多样化的故事叙述的方式来介绍产品、品牌和服务。一旦冰冷
的商品有了故事的外衣，就会被赋予意义、情感以及生命。产品就成了故事的
主角，并不断鼓励消费者继续构建新的故事。那么，该如何讲述产品背后的故
事，用故事来"打磨"产品与品牌，凸显产品以及品牌的价值，启动裂变式的
运营模式？

6.6.1　故事链接消费者：新百伦讲匠心，香奈儿说女权

在概念时代，消费者选择产品的品类更为丰富，选择产品的路径也更是
多样化。此时，一个好的故事概念往往能第一时间将品牌的形象具体化，使品
牌形象带给消费者积极的心理暗示，与读者产生强烈的共鸣，从而引爆消费行
为。讲述产品或品牌故事时，要围绕两个基本点来展开（见图6–12）：

- **产品品牌故事**
  - 品牌形象定位
  - 企业文化、战略与故事交叉契合
- **产品品牌故事共鸣点**
  - 锁定目标消费群体
  - 消费者群体相关性

图6-12　产品品牌故事两个基本点

第一，品牌故事和品牌形象，始终是一个双向塑造的关系。故事的核心叙述必须要符合品牌形象的定位，以企业发展战略、企业文化为基准。可以说，故事与品牌形象的交叉契合是故事化营销的核心思路。

我们以New Balance英美产品系列的广告为例。New Balance为了向消费者传达产品中的工匠之心，邀请李宗盛一同拍摄了《致匠心》。李宗盛简单、直白而又不失哲学意味的旁白："人生很多事急不得，你得等它自己熟。我二十岁入行……所有精工制作的物件，最珍贵不能代替的就是一个字，人。人有情怀、有信念、有态度。所以，没有理所当然。就是要在各种变数、可能之中，仍然做到最好。"李宗盛以平和舒缓的音调，娓娓道来关于"匠心""品质"的哲学。

随着李宗盛的旁白，画面呈现了两个不同人物各自的匠心：New Balance工匠制作NB990，李宗盛制作一把木吉他。故事的结尾，一脸平和的李宗盛弹起吉他，"专注做点东西，至少，对得起光阴岁月。其他的，就留给时间去说吧！"

这个故事营销广告既唤起了消费者心中对工匠精神的致敬，也极大地阐释了New Balance品牌的内涵——"独具匠心的品质"。一个简单的《致匠心》故事广告，就轻而易举地确定了New Balance在消费者中的品牌形象定位，可谓高明。

第二，产品品牌故事讲述时，必须锁定目标消费群体，找到与消费者的相关性和共鸣点。故事与消费者群体相关性的共鸣则是故事营销成功的基本保证。

如果说营销故事与品牌形象的交叉契合是故事化营销的核心思路，那么，故事与消费者群体相关性的共鸣则是故事营销成功的基本保证。品牌讲述故事时，必须锁定目标消费群体，找到与消费者的相关性和共鸣点。

香奈儿的ChanelStyle在做故事营销时，在官网上以视频形式播放香奈儿的创业故事，主要中心放在创始人的个性与大事记这两方面。

在具体叙述中，香奈儿不仅仅是时尚界最举足轻重的品牌，更成为社交场上名媛们优雅时髦品位的象征。香奈儿女士一生的崛起、名利、成就、遭遇既是品牌的故事、她自己的故事，更是独立女性心理深层精神面貌的投射。

香奈儿的故事营销，关注目标消费群体，更多地寻找品牌、产品与消费者的相关性，使消费者产生对品牌的认同，由此达到事半功倍的营销效果。

6.6.2　从神话到意义：艾凡达"禅"的生活哲学

一旦冰冷的商品有了故事的外衣，就会被赋予意义、情感以及生命。产品就成了故事的主角，并不断鼓励消费者继续构建新的故事。而一旦产品的故事在消费者那里衍变成"神话"，消费者就会对产品品牌崇拜有加，甚至是怀有宗教般的虔诚之心来看待品牌。品牌故事衍变为神话可以说是故事营销模式的最高境界。一代营销大师凯贝尔提出了品牌故事神话化所必须具备的四大神话功能（见图6-13）：

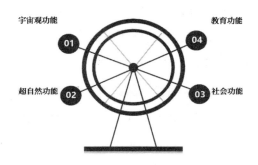

图6-13　品牌故事神话化模型

（1）宇宙观功能。在古代，神话是用来解释自然、四季更替，用以解释神秘的宇宙以及人生前死后的一切。概括来说，神话用来解释人们无法理解的一切，帮助人们认识理解世界。

（2）超自然功能。神话里的暗喻和寓言将人们的现实世界与超现实世界相连接，能起到唤醒人们的作用。它们总是能启发人们去超越现实，探索永恒。

（3）社会功能。社会功能主要体现在社会秩序，以及如何打破社会秩序方面。神话在一定程度上能够通过特定的规则与决策激发斗志，引导人们重建新充满正义感的规则。

（4）教育功能。神话能帮助人们不断完成心灵的成长，掌控个人生活，很容易引发共鸣。

很多顶级品牌故事都有着非常清晰的神话故事脉络：它们要么采取了"神话宇宙一体化"策略，即"超越神话"策略，要么追随了"社会教育一体化"策略，即"神话指导"策略。这些品牌故事的神话属性使它们能够在众多的同类品牌中脱颖而出。我们来看国际品牌艾凡达"禅"的生态哲学故事构造。

雅诗兰黛旗下的艾凡达在美容界是赫赫有名的十大"绿色品牌"之一，它的创始人霍斯特·瑞谢巴彻先生生于奥地利的药草之家，是积极的环保经济分子，他将环保、有机保养、生命医学的概念植入品牌。

艾凡达品牌并不强调效果，而是以生态哲学为诉求点展开品牌故事，指出"身上用的，应该与吃的一样安全健康"。它提倡人们借助大自然花草的益处达到身、心、灵的平衡，因此，它的每样产品使用起来都富含嗅觉的享受，给人的身体和心灵带来全面的愉悦感与提升感。

艾凡达的这种"禅"式生态哲学的运营，就是典型的"超越神话"，即利用神话的宇宙观功能来塑造品牌，深挖人们信念的深度，以达到品牌神话的目的。

6.7 场景：以"输入→搜索→浏览"抢跑

电影《楚门的世界》，讲述了这样一个故事：楚门是一个热爱生活的保险经纪人，居住在一座小岛上。死去的父亲莫名复活，暗恋已久的女神频频发出暗示，周围人的生活就像是表演……生活真的有太多值得怀疑的地方，楚门开始调查自己的生活。他最终发现，原来自己从出生到如今，生活中的一切都被拍成了真人秀电视剧，自己生活中处处都充满了隐性广告。得知真相后，他毅然决然踏上了寻找自由的征程。

从营销的角度来说，楚门的生活场景就是电视剧的成功的"场景营销"。所谓场景营销，概括来说，就是设置与用户购买心理、购买需求相切合的场景，使用户置身其中，享受产品、环境、体验与过程等，从而激发出强烈的购买欲望。

在互联网时代，场景营销是基于网民的上网行为始终处在输入场景、搜索场景和浏览场景这三大场景之一的一种新营销理念。企业针对输入、搜索、浏览这三大场景，构建了以"兴趣引导+海量曝光+入口营销"为线索的网络营销新模式。当用户对产品感兴趣，想寻找或有需求时，企业的营销推广信息就会出现。企业的场景营销方式可以说是"海量＋精准"的。

随着移动互联网技术的全面发展，场景营销开始涌现更多新的方式，诸如线上与线下相结合，新渠道与载体频频出现。企业开始打破虚拟与现实的边界，把产品和服务的呈现、使用环境，与现实生活环境相融合，而构建的一整套营销情境和方法。在情景营销中，消费者可以更直观地感受、更便捷地参与、更积极地联想、更主动地传播产品或品牌的口碑。在营销模式创新变革中，场景营销所能发挥的余地也越来越大。那么，如何构建布局场景营销，如何充分挖掘场景营销的影响力呢？接下来，我们详细来说。

6.7.1　五大场景构建：屈臣氏第八代的场景迭代

时尚女孩不喜欢去一家氛围与超市相似的店铺里购买美妆产品；都市白领不喜欢去一家人声嘈杂、餐具陈旧的饭店吃饭；家庭主妇不喜欢去一家陈列得像艺术馆的蔬菜水果店购买蔬菜水果……不同的人群、产品或服务消费需求，需要不同的消费场景。消费场景在一定长度上可以更好地向消费者诠释产品与品牌，引导消费者的消费行为与需求。企业可以从五方面入手构建特定的消费场景（见图6-14）：

图6-14　5大场景构建

（1）注意场景。好的产品懂得如何来表达自我品牌个性，吸引消费者的注意力。一般来说，生动的场景化陈列是产品最为直接的表达，容易引起消费者的注意，使消费者不知不觉被吸引，开启消费者了解和接触产品与服务的通道。

（2）兴趣场景。消费者注意到产品，被产品吸引，实际上离消费者感兴趣还是有一大截距离的。因此，在构建消费场景时，要把握消费者的需求核心与真正痛点，这样的场景才能真正使消费者感兴趣。

（3）试用场景。让消费者亲自试用产品，激发消费者的参与感，更有助于提升消费者黏性。比如，消费者在买蛋糕时试吃，在买手机时试用，在买车时试驾驶，在买家具时试组装等都属于试用场景。

（4）情感场景。能够使消费者对产品产生情感上的共鸣，使消费者产生快乐、怀旧、自信等情绪，让消费者的情绪来激发他强烈的购买欲望。

（5）消费场景。使消费者在消费的整个过程中，充分体验产品与服务，提升消费者的满意度和体验感，这是场景营销的重中之重。

我们以屈臣氏第八代店铺为例，来从以下五个方面分析其场景营销构建的方式，以供参阅。

从注意场景的营造来说，屈臣氏店铺的门和外形采用更大更多透明玻璃橱窗向消费者呈现店铺全貌，这使得店铺的设计感与个性得以凸显，当消费者经过门店时，会不由自主产生进店逛逛的冲动。

从兴趣场景营造的角度来说，屈臣氏第8代陈列16个彩妆品牌中，几乎个个都是红遍网络的爆品，而且这些爆品都有着鲜明的卖点。值得一提的是，屈臣氏里还有男性代言的海报，显然比传统意义上女性代言海报更有视觉冲击感。

从试用场景的营造角度来说，屈臣氏第8代延续了一直以来的"体验消费模式"，它的产品都有免费试用装，消费者可以在店铺里尽情体验产品。在彩妆区，屈臣氏还增加了虚拟上妆智能体验，大大提升了消费者的参与感。

从消费场景的角度来说，屈臣氏第8代为消费者营造了一种安静自由的购物空间与氛围，虽然店里有专业彩妆师，但并不会主动打扰消费者购物体验，只有消费者需要的时候，才会全程提供服务。这种场景营造，使消费者愿意花费更多的时间来挑选产品，了解产品，购物的自由选择度也很大，消费体验的满意度获得提升。

从情感场景的营造角度来说，屈臣氏与连锁酒店品牌希岸酒店联姻，打造商旅中产喜爱的IP酒店，以时尚、优雅的生活美学为基调，以"小幸感，宠你开始"为价值主张，提倡一种爱自己的态度。这种特定的场景营销能引发消费者情感上的共鸣，提升品牌效应，触发消费者的消费行为。

6.7.2　场景营销"五感"：Flowerplus花加的"黑魔法"

什么样的场景才是能够助跑商业模式的成功场景？当然是让目标客户群都关注的场景。概括来说，只要营销具有"五感"的场景，你的商业模式就会自动完成生态修复，升级为创新模式（见图6-15）：

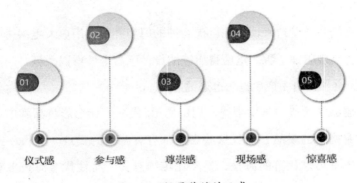

图6-15　场景营销的五感

（1）仪式感。所谓仪式感，即众人参与或见证，犹如婚礼拜堂或宣誓仪式的感觉。马化腾会在每年开工第一天狂发红包，后来，发红包的企业越来越多，并逐渐成为各个企业的一种开工大吉的仪式。当然，仪式感不局限于企业内部对员工的激励，对于消费者来说，消费产品的仪式感也越来越被企业所重视。诸如，双十一时，线上线下强烈的仪式感，充分挑动了消费者的消费欲望。

（2）参与感。企业在产品开发、测试、投入市场等各个阶段，要鼓励消费者参与到产品或品牌的文化中去。举例来说，小米通过前期的应用MIUI以及游戏来吸引用户，让用户把对MIUI等软件的兴趣等嫁接到对小米手机的体验上，用户在体验的过程中产生了深度参与，获得了巨大的心理满足感。再比如，雕爷牛腩在产品研发阶段，拿出半年的时间来进行封测，鼓励目标消费群体深度参与产品或品牌的构建，广泛听取目标消费群体的意见。

（3）尊崇感。随着消费升级，消费者购买产品已经不局限于仅仅满足生活需要，消费者更追求产品以及使用产品的感觉。因此，消费者需要的不仅仅是服务，更多的是一种尊崇感。不管是VIP还是各种银卡、金卡、钻石卡，都是典型的能给客户带来尊崇感的营销策略。因此，在你设计场景营销模式时，一定要注意考虑品牌或产品给客户带来的优越感、荣耀感等因素。

（4）现场感。线上产品很难为消费者营造身临其境的感觉，即便是运用AI工具，相比真实世界的体验感，仍然是有一定的距离。线下店铺的陈列、色彩、灯光、装饰、氛围甚至嗅觉的营造，对于消费者来说，都是最为直接的吸引要素。以LV这类国际大牌为例，为何实体店消费是这些大牌的主要方式？因为消费者购买这些大牌不是购买的功能与款式，而是购买的一种土豪的价值体验快感。这种现场感又岂是电商能够轻易提供的？

（5）惊喜感。惊喜感其实是一种场景体验感的超预期效果，是用户体验感的意想不到的提升，是口碑能够迅速传播的重要一环。在行业以及产品同质化严重的情况下，能够为消费者带来惊喜感，显然你的产品或品牌就已经在抢占消费者心智的竞争中略胜一筹。比如，一家叫做"桃园眷村"的网红烧饼店，消费者在喝完豆浆后，会发现碗底有两行颇有味道的文字。这无疑给消费者一种惊喜感，消费者纷纷在朋友圈晒字，这家店铺的口碑也在无形中加速传播。

FlowerPlus花加可以说是将场景五感运用得炉火纯青的一家网红花店。我们从FlowerPlus花加营销的几个小案例来分析。

2017年5月25日，FlowerPlus花加与微信支付联手打造"525点亮小美好"的大型城市公益活动，京东、滴滴也都参与其中。在这次活动中，FlowerPlus花加推广的是偏商业场景的mini瓶花，FlowerPlus花加全力打造"悦己"这一全新的概念，极大地迎合了目标客户群的普遍生活态度。这次活动还采取强互动、沉浸式的快闪店方式，除了好玩有趣，还深挖目标客户群的"丧文化"，通过共鸣来引导目标客户群的消费行为。

7月中旬，FlowerPlus花加以"为爱让一让"为主题，在上海再一次推出线上线下联动的场景式营销关爱孕妇活动。在这次场景营销中，百家品牌CEO化身专车司机接孕妇上下班，志愿者们聚集在地铁站、妇婴保健院等地专门为孕妇送上鲜花，多条互动线的传播在B端与C端同时引爆，仅仅半天，这次营销就成了微博热门话题TOP10。

FlowerPlus花加的这两次成功的场景营销，可以说是充分营造出了场景"五感"。消费者在这两次场景中，仪式感、参与感、尊崇感、现场感、惊喜感这五感都被充分调动了起来，消费者的热情被彻底激活。

第七章

升维：生长、进化、互利、共生

著名科幻小说《三体》中有这样一句话："三维世界的一切跌入二维后都将死去，没有什么能够活在厚度为零的画中。"在复杂多变的商业世界里，商业模式的创新与重构同样必须建立在更高维度基础上。领导者必须使用升维思考力，建立高维度商业系统乃至商业生态圈。在这个生态系统或生态圈里，企业与系统成员之间互利、共生，不断生长、进化。

7.1　企业→商业生态系统→商业生态簇

从物理学上来说，我们人类生活的这个世界被称作三维世界。长度、宽度及高度这三者共同构成了一个单向的空间，即我们所在的世界。物理学中的M理论假想认为：宇宙有11维空间，在思维以上的空间里，时间是可以看见的物质存在，而我们通常所说的"先知"也不过属于五维空间。当然，这只是一种假想，但是从另一个角度来说，商业世界何尝不是如此。从不同的维度来看，商业世界呈现的是不同的状态。而站在不同的维度去看，商业模式创新的意义自然也不同。

商业战略学家魏炜与朱武祥提出了企业竞争的三重空间说，他们认为：从三维视角来看，商业世界存在三层主体——企业、商业生态系统、商业生态簇。这三种主体就是三个维度，而从这三个不同的维度来看，企业的商业模式创新的战略意义是不同的（见图7-1）：

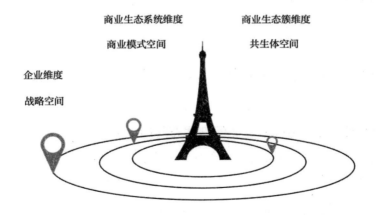

图7-1　商业世界的三层主体

　　第一层是具体的企业，京东、淘宝等。从企业的维度来说，商业模式的创新更多的是持续性创新，在产品、战略、客户管理等层面的创新。

　　第二层是商业生态系统。企业不是孤岛，存在众多的利益相关者，并且，企业与这些利益相关者，为了共同的目标，一起形成一个商业生态系统。从生态系统的维度来说，企业的商业模式创新，不仅要从企业自身这个单一层面进行创新，而且要赋能生态系统中的合作伙伴，以达成共赢。

　　第三层是商业生态簇，比如，实体商业生态由便利店、购物中心、连锁超市、百货商店等构成。其中，从商业生态簇维度出发，企业的商业模式创新要建立在共生体的基础上，要赋能于共生体。企业要为利益相关者的利益相关者，也就是共生体，设计商业模式，拓展企业的边界。

　　传统的商业模式创新思维，是从单一维度出发的，即站在企业自身的视角来设计商业模式。这种思维单一且有较大的局限性，缺乏足够的视野与格局，很难洞察商业模式创新的本质。而当企业以多维视角，诸如商业生态系统与商业生态簇视角思考商业模式时，会根据生态系统的独特价值与共生体的价值逻辑来进行价值再创造，构建新的商业模式与技术创新方向，打造出超级物种。这种着眼于全局层面的商业模式创新策略往往会为企业带来巨大的利润空间与发展空间。

　　这里为大家提供两种以多维度空间为基础，设计并创新商业模式的思考路径——自下而上的思考路径和自上而下的思考路径。

7.1.1　焦点思维：诺基亚是如何被生态圈边缘化的

　　所谓自上而下的思考路径，即焦点思维。企业先从第一层级的战略空间出发，可以使用SWOT态势分析法，从产品、用户、竞争对手、技术优势等各个角度，进行态势分析。比如，企业自身能为用户解决哪些痛点以及什么样的问题？企业与竞争对手相比，具备什么样的优势与劣势，如何扬长补短？企业的产品是否与目标客户群的需求点相吻合，是否具备大卖点与口碑效应？企业在行业的产品技术创新方面是否具备优势等……

企业在分析完之后，再扩大视野，从商业模式空间和共生体空间的视角，探寻外部需要做何种调整来适应战略空间的变化。这种从企业内部到外部、从局部到全局思考商业模式的思维，也就是典型的焦点思维。

我们知道，诺基亚当年打败摩托罗拉，成为行业老大，很大程度上得益于它制定了大量标准，在2G和3G技术行业一直是当之无愧的专利巨头。可以说，诺基亚在技术层面是非常努力的。诺基亚在发展中曾积累了强大的成本优势和技术能力。

诺基亚之所以最终败阵，被苹果和谷歌远远甩在后面，是因为它们之间的竞争根本不在一个赛道。谷歌和苹果的核心是强大的生态系统网络，即企业和合作伙伴组成的形式松散但合作紧密的网络。诺基亚前总裁兼首席执行官史蒂芬·埃洛普在一次演讲中就提到："我们的竞争对手所依赖的不是先进设备，而是强大的生态系统网络。"

以苹果智能手机为例，它的运营涉及由200多家零部件供应商、众多电信合作伙伴以及无数独立应用程序开发商组成的网络。这个商业生态系统的核心是为苹果提供服务，而苹果也在商业模式与技术创新方面不断为这些利益相关者赋能。这种强大的商业生态系统设计方法使苹果迅速抢占市场份额，而诺基亚这类传统的依靠技术与成本，喜欢单打独斗的企业，就尤其被动，甚至一步步被逼入绝境。

7.1.2　顶层思维：慈云科技如何打造闭环生态系统

自上而下的思考路径，通常也被称作顶层思维。是指从共生体空间这个维度出发，洞察生态簇层面新的共生体物种的出现与演变，然后根据判断结果，从商业生态系统中找到最有价值或最为高效的方式，最后，聚焦企业商业模式的战略规划。这种方式是从面到点，从宏观逐步聚焦微观的思维方式。

传统思维容易使企业负债，而顶层思维却可一直确保企业富有资产。使用这种思维方式的领导者或管理团队，具有一定的格局与视野，他们习惯从更高维度对企业的发展策略进行规划与设计。这种情况下，商业模式不但具有一定的前瞻性和创新性，而且也实现了它的可持续发展路径。这里提供一种典型的顶层思维构建商业模式的流程（见图7-2）：

图7-2　顶层思维构建商业模式的流程

（1）赋能：先帮助生态系统中的利益相关者，以及共生体中的利益相关者的利益相关者壮大成长。

（2）重构：通过为利益相关者以及利益相关者的利益相关者设计商业模式，在改造生态系统与共生体竞争优势的同时带动自身商业模式与技术的不断创新和持续发展。

（3）使能：成为利益相关者生态系统或共生体空间所不可或缺的关键角色，在赋能整个生态圈的过程中，不断拓展企业自身的业务、技术、管理能力等的边界，实现完美跨界。

我们以慈云科技为例，慈云科技的定位为平台型省调系统，它的目标是在2

年内建成40个B2B产业互联网公司。

慈云科技对生态系统以及共生体有一定的行业标准，即行业容量大，至少是1万亿以上的市场容量，中间环节多，各环节的市场集中度低，行业内用计算机管理自己业务的程度低。在此基础上，他们对不同类型公司的盈利来源进行了一定的划分，但在平台架构以及商业模式上却是保持一致的。

这种自上而下的思考方式，使得慈云科技，用几十个人的团队在短时间内就打造出一个服务于大、中、小企业的平台，并成为这些企业信息与资金的集合调度站，形成一个闭环生态系统，影响赋能整个生态圈，并在这个过程中，完成平台自己的商业模式的不断升级。

7.2　升维思考，引爆多维空间资源能量

商业模式聚变时代，很多传统行业领导者会有这样的疑惑：只看到用户不断从线下流失，却看不到这些用户去了哪里？跟风学了免费模式，糟糕的是，免费了却找不到用户？拿以前掌握的顶尖商业理论来做管理，却发现已经站在了"大象"跌倒的临界点上。

这是因为你正在遭受"降维打击"，请重置思维为升维思维。只有升维商业模式，引爆多维空间资源能量才能站稳脚跟，存活下来，谋求更大的发展空间。

所谓"升维"与"降维"，我们不妨先从一部雨果奖小说《三体》说起。扎克伯格、马化腾、雷军、周鸿祎都是这部小说的重度书迷，也受益于其中的十维空间理论与思维。这部小说提到，我们地球人生活的维度是三维空间，而宇宙中已知的最高文明维度为十维空间。人类的三维空间与这种十维空间相距甚远。在高文明的三体人看来，地球人如同虫蚁一般。低纬度的文明是很难理

解高维度文明的，与此同时，高纬度文明可以轻而易举地颠覆低纬度文明。

同样，在现实的商业环境下，互联网对于传统行业的颠覆就是一种高纬度对低纬度模式的颠覆。因为根本不在一个维度，所以会造成破坏性的颠覆。一些处于低纬度的企业，面临着前所未有的困境。比如，淘宝、京东生态的繁荣使得以往一些线下批零商家生意凋敝，很多传统商家甚至破产倒闭。滴滴、快的等打车软件的横空出世，使得传统出租车公司备受打击，利益严重受损。互联网这一因素促成了行业价值链的重构与权力转移。

如今，随着AI技术的日益完善，迅速崛起的互联网行业又面临着被更高维度的AI洗牌的危险。无论是企业还是领导者，只有不断升维，站在更高的维度上去进行商业模式的颠覆式创新，才能不断从蛮荒之处发掘新的机遇。

7.2.1 自我颠覆升维：盒马鲜生的"1+1+1>3"

爱因斯坦说过这样一句话："过去、现在和未来之间的分别，只不过是持久而顽固的幻觉。"未来已来，只是当下尚未察觉。升维思考的意义在于你不仅能打开个人或企业的自由度，而且更能充分利用多维空间的资源。通常，在某一单一维度很难解决的问题，通过上升一个或两个维度就变得很容易化解。商业模式的创新同样是这个道理。

升维思考突破传统商业模式边界，从另外的维度思考影响目标的因素。在升维思考中，你需要跳出现有的商业模式，分解维度，并清楚各个维度之间的相互关联，最终形成一种立体网站思维，并以此来构建更高维度的商业模式。从企业自身理论应用的层面来说，升维理论模式可分为三部分，即：平台升维、营销升维、价值升维（见图7-3）：

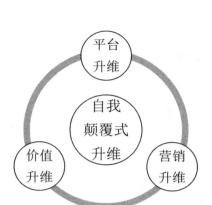

图7-3　自我颠覆式升维理论

（1）平台升维，即随着消费者消费水平日益升级，消费者从最初的产品价格层面已经升维到产品的体验层面，因此，平台也应顺应这种趋势，从产品价格这一纬度上升到用户体验这一更高的纬度，制造更多的差异性服务体验。

（2）营销升维：随着共享经济以及物联网的逐步发展，消费者参与以及利益分配才是未来的发展趋势，因此，新的平台在设计上应充分考虑到用户参与模式与股权分配的问题，以此开启更高维度的营销规则。

（3）价值升维：传统商业平台强调的是产品本身的价值，而在物联网时代，社区价值则成为最值得挖掘的概念。消费者需要的不仅仅是产品，更是一种生活方式，因此，企业需要考虑如何打通消费者社交圈子，利用互联网工具，形成不同的社会群体，借助群体口碑传播品牌。

我们以自带网红基金的盒马鲜生为例，2016年初，盒马鲜生开出第一家店，2017年下半年，盒马鲜生开启疯狂联营扩张模式，成为全球的"网红"。据华泰证券数据显示，2016年，盒马鲜生上海金桥店首店全年营业额约2.5亿元，坪效约3.24万元，远高于同行业平均水平（见图7-4）：

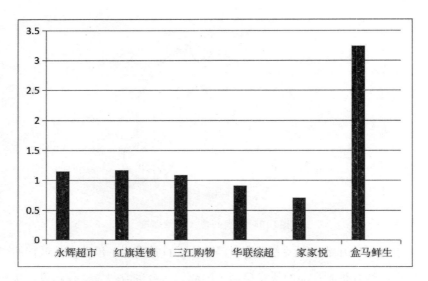

图7-4   盒马鲜生与其他超市的坪效比较（资料来自公司年报、公开数据）

2017年8月，盒马鲜生登上了《哈佛商业评论》年度新零售TOP10，在这短短的时间里成为超级物种。盒马鲜生做了什么？可以说，这得益于盒马鲜生在平台、营销与价值层面的升维。

从平台升维的角度来说，盒马鲜生做到了用户体验升维，通过打造"门店环境体验+商品体验+餐饮体验+到家体验+粉丝互动情感体验"的体验模式，满足顾客的多维体验需求。盒马鲜生以"吃"为核心，营造了"四不像"的消费场景，不像超市，不像便利店，不像餐馆，又不像菜市场。在这种消费场景里，满足了消费者对于吃的一切需求。

从营销升维的角度来说，盒马鲜生将盒马App作为门店唯一支付入口，并依托盒马App建立起完善的会员用户体系，培养用户移动支付的习惯，打造出了会员的消费闭环。盒马鲜生依托阿里强大的大数据基因，进行用户画像分析，并根据分析结果进行精准营销、商品结构调整和选址布局。

从价值升维的角度来说，盒马鲜生根据会员的需求设计新的消费价值观：新鲜每一刻，所想即所得，让吃变成一种娱乐，一站式购齐。盒马鲜生还会定期组织活动，诸如亲子包饺子，厨艺比拼，大闸蟹试吃会等。这样的价值观以及粉丝活动，很容易使消费者形成凝聚力极大的消费社群。

7.2.2　边缘升维创新：小米高维度"弯道超车"

《三体》中有这样一个故事：一直以来，地球人认为最大的威胁是来自同一纬度，有着更高科技的"三体人"。可是，地球人最大的威胁并非如此，而是来自一张"小纸条"。当歌者文明发现地球文明与三体文明的坐标时，歌者文明向太阳系发出了一片二向箔，太阳系文明全部降成二维，瞬间毁灭。这就是《三体》中广为人知的理论——降维打击。即通过降低攻击目标本身所处空间维度，使得攻击目标因无法在低纬度空间生存而走向毁灭。

降维打击所采取的手段多是反常规的，来势凶猛，难以预测。在商业世界里，降维打击同样是凶猛的武器。乔布斯引领了世界上第一部智能手机的出现，与此同时，曾占据市场主导地位的功能机品牌遭受到强烈的"降维打击"，客户一夜之间迅速转移。

任何企业或个人，避免降维打击的最有效方法就是在降维来临之前，先"升维思考"。抛开眼前市场上的诸多机会与选择，去洞察更深远的趋势，进行边缘式升维创新。

我们以小米为例，小米在创立之初，互联网PC端开始向移动端转移，正是智能手机市场的窗口期，而智能手机价格普遍在3 000元以上，依照当时的消费者消费水平来看，价格偏高。此时，如果能出现一家智能手机企业，在价格上占取绝对优势，是有获取一定市场份额的可能性的。这可以说是"同一纬度"的打击。但是，在当时的情况下，智能手机的制造成本非常高，作为一家新公司，如果只是单纯在同一维度打价格战，显然很快陷入一片红海之中。

小米的战略并没有停在这个维度。雷军在更高的维度看清楚一点，那就是中国人对高性价比的追求，以及智能手机发展之处在用户体验方面的不足。于是，小米来了个更高维度的"弯道超车"，将积累的一群技术发烧友作为冷启动用户，高配低价，极致的用户体验使小米迅速占领并垄断中低端市场。小米的手机硬件利润极少，远远低于行业水平。但小米却通过小米整个生态圈的发展去赚钱（见图7-5）：

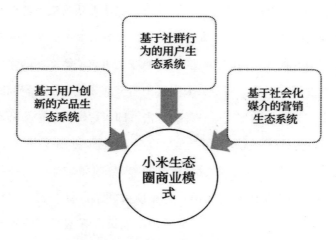

图7-5　小米生态圈商业模式分析

小米的生态圈商业模式中主要分为三部分，即产品生态系统、用户生态系统和营销生态系统。

在产品生态系统中，小米最初的构成形式包括四部分：以虚拟社区的形式鼓励用户参与产品生态；以路由器为核心智能硬件提供；"为发烧而生"的小米手机；基于MIUI系统的移动互联网支持平台。小米依据虚拟社区聚集领先用户，这些领先用户为小米提供了最精准的需求信息，根据用户体验和反馈帮公司开发迭代新产品。由于小米在MIUI社区建立了一定的激励机制，使得员工与用户之间实现了无缝对接。

在用户生态系统中，小米锁定主要用户群，即80后与90后，并对主要用户群进行精确素描，包括用户的学历、地区、手机使用时间、在线时间、互动性等一系列细节。通过精准定位，小米不断提升用户黏性，发展了除手机之外的其他硬件生态系统。

在营销生态系统中，小米通过MIUI系统的支持，逐渐形成了硬件销售、应用程序销售、运营商服务费的高维盈利模式。小米以小米社区作为营销核心，通过用户互动增强品牌忠诚度，以电商生态系统的闭环运营引流购买热潮，一次次引发销售新高度。

小米通过构建生态系统这种升维式商业模式思路，迅速成为国产手机销量第一的品牌。在小米发展的进程中，这种商业模式升维思路一直在延续，从未停止过。甚至在小米上市前，雷军还在以升维的思路做降维打击，他宣布："从现在起，小米正式向用户承诺，每年整体硬件业务（包括手机、IoT和生活消费产品）的综合税后净利率不超过5%。如超过，我们将把超过5%的部分用合理的方式返还给小米用户。"雷军是在告诉投资者，小米不是一家硬件公司，而是一家以手机、智能硬件和IOT平台为核心的互联网公司。

7.3　从点到面，从树叶到森林

1935年，英国生态学家乔治·斯坦利提出了生态系统的概念，指在一定的空间和时间范围内，在各种生物之间以及生物群落与其无机环境之间，通过能量流动和物质循环而相互作用的一个统一整体。人类社会的组织、结构、运转等方面和生物学意义上的生态系统是极为类似的，后来，学者们在社会学、经济学等领域广泛引入这一概念。

在1993年，美国经济学家詹姆士·穆尔在《哈佛商业评论》上首次提出了"商业生态系统"的概念。所谓商业生态系统，指以相互作用的组织和个体为基础的经济群落，随着时间的推移，他们共同发展自身的能力和作用，并倾向于按一个或多个中心企业指引的方向发展自己。一个商业生态系统的物种大致有企业、用户、市场媒介、供应商等初级物种，还包括这些初级物种的所有者和控制者，以及在特定情况下相关的物种，比如政府机构、消费者协会、供应商协会等。

在一个商业生态系统中，每一个组织、个人、环节都是这个生态的一部分，它们因不同的利益驱动，形成一种互惠互利、资源共享的关系。他们共同维系着整个商业生态系统的可持续发展。一荣俱荣，一损俱损，任何一个环节、组织或个人遭到破坏，都可能影响到整个商业生态系统的平衡。

如今，随着互联网、AI等技术的发展，以及客户消费的升级、需求的变化，商业生态系统中单个的企业依靠单打独斗已经很难生存。而企业需要跨越多个产品、服务甚至是行业的界限，此时，只有依赖于固有的商业生态系统，或者是与合作伙伴一起构建一定的商业生态系统，才能获得可持续发展的动力，不断拓展企业能力的边界。

以宝洁为例，它在2007年建成"C+D"英文网站，目的是联合世界各地的研发者，来共建开放式创新生态系统。在这个生态系统中，研发者们可以根据宝洁用户的最新需求，以及宝洁的创新成果，提交创意方案。可以说，宝洁50%以上的创新能力，都来自这个小型的专业化的局部生态系统。

7.3.1　生态系统构建：阿里巴巴开放、协同、繁荣的生态系统

2014年，马云在美国纳斯达克上市前的招股书中写道："阿里巴巴的使命决定了公司不会成为一家商业帝国。我们坚信只有打造一个开放、协同、繁荣的商业生态系统，令生态系统的成员有能力充分参与其中，这样才能真正帮助到我们的客户，也就是小微企业和消费者。作为这一生态系统的运营者和服务者，我们倾注了所有的心血、时间和精力，用以保障和推动这个生态系统及其参与者更加蓬勃发展。我们取得成功的唯一方法是让我们的客户、我们的合作伙伴成功。"

在2017年阿里生态系统的构成中，阿里云、阿里妈妈、蚂蚁金服、菜鸟物流属于基础设施层，这一层相当于大自然这个生态系统中的土壤、空气和水等基础资源，为整个生态系统提供最基本的生存成长要素。比如，菜鸟物流线上采用大数据驱动供应链的信息流通，促进整个生态系统内所有平台的物流升级；线下拥有现代化仓储地产，为整个生态系统内所有的平台提供技术场地的支持。

天猫、微博、优酷、饿了么等属于生态系统的第二层级。这一层级相当于大自然中的森林、草原、农田等环境资源要素，直接为各物种提供繁衍生息的平台。第二层级的企业多属于平台型企业，对接用户、产品、服务。比如，优酷这个平台既为普通用户提供了观看视频内容的平台，同时也为众多的大小不同的内容制作方提供了服务客户的平台。

阿里的生态系统可以说是一种可持续发展的、有着巨大发展空间的、成功的商业生态系统。那么，作为企业，应如何成功构建自己的商业生态系统呢（见图7-6）？

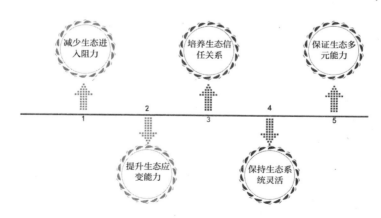

图7-6 构建商业生态系统的5种方法

（1）减少生态进入阻力。企业在构建生态系统时，可减少系统参与者的参与成本，增加参与者的收益。这种方式能有效激励其他企业进入生态系统，减少其他企业进入生态系统的阻力。生态系统的门槛设置过高，不利于生态系统的迅速构建。比如，高通公司的BREW移动平台面世时间虽然早于Android平台，但它门槛很高，需要开发者支付超过400美元的价格购买提交程序所需要的套件，另外，在审核批复手续上也是相当烦琐。而后来者Android则采取了免费的商业模式，三年时间里，Android上面的应用程序下载量达到15亿次以上，用户基数迅猛增长，使得Android在短时间内远远超越了BREW，后来者居上。

（2）培养生态信任关系。在一个生态系统中，信任是连接各个成员的基础，是成员之间展开友好合作的桥梁。企业作为生态系统的建构方，可为整个生态系统设置共同的规范与规则。以eBay为例，它的规则为"由企业和伙伴、客户共享价值"。因此，在eBay主导的生态系统中，信任建立在共享的基础上。

（3）保证生态多元能力。企业构建的生态系统在能力方面需要是多元的，而非单一的。多元的能力更能提升这个系统的创新力。以苹果为例，可以用一个公式来概括苹果的多元生态：

苹果的多元生态能力＝不同代工厂生产＋不同程序开发商＋电信运营商能力＋音乐商音乐制作能力＋……

这种商业生态系统的多元智慧汇集在一起，使苹果生态系统充满了创造力。

（4）提升生态应变能力。企业应确保生态系统中的成员能快速看到外部变化，提高整个生态系统的适应能力、自我修复能力与成长能力。以沃尔玛为例，它与系统中的供应商分享实时销售数据，使系统成员能及时获得关于外部变化的情况反馈，并根据变化调整自己的战略与方向。

（5）保持生态系统灵活。在一个商业生态系统中，随着成员之间信任关系的深化，生态系统就会逐渐趋于僵化。一旦出现成员变动，整个系统付出的代价也是比较大的。比如，重视合同的代价，重新分配资源的代价等。因此，在一个商业生态系统中，必须不断引入新的合作伙伴，或者保证有备用的合作伙伴。这样一来，可有效维持整个商业生态系统的竞争力。

7.3.2　生态圈的构建：区块链助力腾讯完善生态圈

相对于生态系统，商业生态圈的范畴要大得多。即商业活动的各个利益相关方通过简易的价值平台来共同实现生态价值最大化。商业生态圈相对于传统生态圈来说，传统企业相当于自然生态圈里的某一种植物、动物或河流，而生态型企业自身就构成一个生态圈，有赖以生存的动物植物群落，以及空气、水、土壤等公共资源等。

腾讯、阿里巴巴、小米、华为等通过不断完善自己的生态系统来构建各自的"生态圈"。我们以腾讯利用区块链技术管理生态圈为例，《腾讯区块链白皮书》中提到，腾讯"基于'开放分享'的理念，将搭建区块链基础设施，并开放内部能力，与合作伙伴共享，共同推动可信互联网的发展，打造区块链的共赢生态。"

腾讯区块链在整体架构方面，可分为三层（见图7-7）：

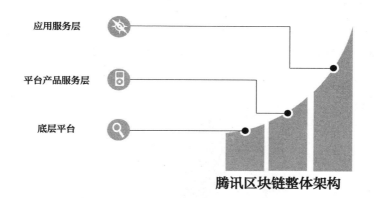

图7-7　腾讯区块链整体架构

（1）底层平台。底层平台为腾讯自主研发的Trust SQL平台，它的核心定位是"打造领先的企业级区块链基础平台"，它的功能是为上层应用场景提供区块链基础服务。

（2）平台产品服务层。平台产品服务层是在底层(Trust SQL)之上构建高可用性、可扩展性的区块链应用基础平台产品，帮助企业快速搭建上层区块链应用场景。

应用服务层。腾讯以及行业合作伙伴向最终用户群体提供可信、安全、快捷的区块链应用。

以金融领域产业链来说，腾讯基于供应链场景下的真实交易数据，通过腾讯区块链技术及运营资源，提出了"腾讯区块链+供应链金融解决方案"，力图从根本上改善小微企业的融资困境，助力小微企业的转型与升级。

以医疗领域产品链来说，腾讯与广州柳州合作，实现"院外处方流转"服务，院内开处方，院外购药，甚至送药上门。因为处方流转涉环节与部分众多，腾讯用区块链技术确保处方不被篡改。"

以游戏领域产业链来说，腾讯块链在游戏场景中也将逐步落地，腾讯推出相关区块链游戏产品，诸如《一起来捉妖》。腾讯在游戏中推出了宠物猫玩法，在区块链技术下，游戏中的每一只猫都有独一无二的DNA，每一个专属猫都永不消失。

关于生态圈的构建，美国学者詹姆斯·弗·穆尔提出四阶段构建法（见图7-8）：

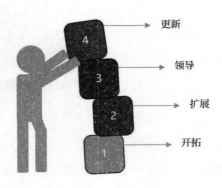

图7-8　生态圈构建四阶段

（1）开拓阶段。企业的重心放在：汇集各方力量，创建关键产品、服务与技术，开拓商业生态系统。

（2）扩展阶段。企业从协作关系的核心开始，在生态系统的规模和范围不断增长扩大的情况下进行资源整合，建立核心团体。

（3）领导阶段。企业作为生态圈的领导者，必须为整个生态系统的发展做出贡献，保证企业在所建立起来的商业生态圈中具有权威地位。

（4）更新阶段。企业在建立完成自己的生态圈之后，必须寻求新的方法，不断为生态圈中旧有的生态系统注入活力与创新观念，确保生态圈的繁荣，使生态圈里的生态系统实现可持续发展。

7.4　激活共生体空间驱动力

共生体实际上是商业价值创造闭环。在共生体空间里，每一个生态个体都在一定的行业规则下来整合资源，赋能组织或个体。在这个科技飞速发展，商业规则处于剧烈变革的时代，实际上，一个共生体空间如果缺乏足够的创造力与持续更新能力，很快就会走向僵化。共生空间的持续创新可以从三个角度入手（见图7-9）：

图7-9　共生体空间持续创新的三个角度

（1）具有持续创新的理念与企业文化。生态系统共生空间中的主导企业能否打破封闭思维模式，实现有效的开放式创新，是衡量企业是否具备持续创新理念的重要标准。企业的文化越是鼓励创意开放，越能够获得更大的创新动能。比如，一家全球500强企业，通过在第三方平台发布环保构想项目，对外开放创意筛选，结果短时间内就收集到5 000多个相关设计方案。这种开放创新的思维方式，给企业带来了持续创新的动力。

（2）企业之间的相互信任、协同、赋能。同一个生态系统中的企业有各自的运作模式、组织模块。企业之间建立牢固的信任关系，相互协同与赋能，通过技术、信息、资本、客户、人才等各种资源领域的资源交换，实现资源共享，构建一种共同进化、持续创新、利益共享的体系。

（3）不同角度发掘与运作企业沉睡资源。在一个商业生态系统的共生空间中，每一个利益相关方都具有不同的资源能力。但是，很多情况下，整个生态系统会因传统思维的局限性，不能发现或者会忽略利益相关方的资源能力。事实上，对利益相关方资源的重构往往会成为创新商业模式的突破点。比如，近几年随着消费不断升级，民宿作为一种新型的非标准住宿业态，充分利用了限制的房屋资源，并根据消费者的需求，开发出不同的民宿运作方式。这种对系统内沉睡资源的充分利用，使整个生态系统都变得活跃起来。

7.4.1 持续高维创新：特斯拉持续改变世界的创新力来自哪里

特斯拉一直是持续创新的代名词。特斯拉重新定义了电动车概念，创造全新的太阳能产业模式，它的太空探索技术正在颠覆航空模式……特斯拉持续不断创新的能力来自哪里？我们不妨先从特斯拉概念汽车说起。

在传统企业里，一般情况下，汽车都是通过4S店的渠道模式来进行销售的。这种营销方式存在一些问题，诸如销售人员的狂热推销，消费者担心车的品质问题等。特斯拉在营销模式上，完全不同于传统渠道方式，它采取的是体验店与网络直销的方式。消费者可以去体验店感受、体验产品，销售人员不做任何推销。消费者还可以在网上预约试驾。可以说，它的体验维度极高，没有发动机，速度与法拉利不相上下，不用加油，一次充电续航502公里。在特斯拉里，超级Pad操控一切。特斯拉看上去就是"一块电池＋四个轮子＋一台电脑"的产品模式，这种产品模式创造出超预期的高纬度产品体验。

从专利方面来说，特斯拉一直采取一种开放专利的态度，这种做法与传统的品牌专利保护理念背道而驰。但这种做法却在很大程度上推动了行业的发展。实际上，特斯拉也是靠着这种开放的商业模式，保持自己持续创新的竞争力，不断拓展自己的价值空间。

特斯拉凭借持续创新的理念与文化，追本溯源，来自对物理学中第一原理的充分发掘。第一原理出自2300年前古希腊哲学家亚里士多德，即在每一系统的探索中，存在第一原理，是一个最基本的命题或假设，不能被省略或删除，也不能被违反。

简单来说，第一原理即是一种物理学思维方式。是从头算，无须任何经验参数，只用少量基本数据（质子/中子、光速等）做量子计算。它一层层剥开事物表象，看到事物本质，再从本质出发，一层层升维思考。

特斯拉也正是以这种思维为基础，使商业与技术完美结合，持续创新，并不断创造生态系统中更厉害的角色，甚至是颠覆世界的角色。

7.4.2　赋能生态系统：美味不用等，"左手商家，右手用户"

经济学家亚当·斯密在其著作《国富论》中，提出了闻名于世的"分工理论"。书中有一个这样的例子：在纽扣针厂，一个没有受过专门训练的劳动者，无论如何努力，一天也生产不了20枚扣针，但有了分工之后，经过前后18道工序，每人每天可以生产48 000枚扣针。

这一理论在整个工业时代都产生了巨大的影响。如今，如果从生态角度来使用这一经济模型，无疑，一个商业生态系统中的各个单元能分工协作，扬长避短，整个系统都会被赋能。同时，生态系统自身的赋能与升级，也带动了各个单元的发展与完善。我们以"美味不用等"为例。

截至2018年6月，美味不用等已经完成D1轮融资，本轮融资4亿元，美味不用等的估值已经达到40亿。从美味不用等的融资史来看，阿里、百度、携程、美团点评等互联网巨头都对其抱有厚望，青睐有加。美味不用等的商业模式究竟有何魅力？

美味不用等成立于2013年，仅用五年的时间就跻身于餐饮业巨头行列，2007年，公司订单数量超过3亿个，流水总量近300亿元。美味不用等的定位为"无人驾驶餐厅"，即利用AI虚拟经理人技术重构餐饮管理决策，自主调配资源，推广营销，完善员工管理等，餐厅里依然提供人工服务。逻辑原理与无人驾驶类似。美味不但从自身层面不断突破，更重要的是，它的商业模式是多向赋能模式。

从用户的层面来说，随着消费者消费升级，美味不用等为消费者提供了更多的价值与便利。主要有（见图7-10）：

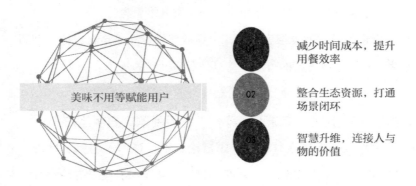

图7-10　美味不用等的用户价值

（1）提升用餐的时间效率。美味不用等App产品的核心是"节约用户用餐时间，提高用户用餐效率"。美味不用等在此基础上不断升级，打通了各类平台和渠道，用户无论是用App，还是小程序或者终端取号等，都可以实时同步动态，传统的排队这种低效方式被颠覆，实现"美味不用等"。

（2）整合生态资源。美味不用等以开放创新的心态，不断扩展生态系统，吸引了大批的优质合作伙伴。美味不用等对就餐的每个环节提供智慧服务，轻松帮消费者搞定从预订排队到点餐，从会员储值到支付的各个环节的服务，打通了场景的闭环。

（3）智慧升级。美味不用等不断进行AI技术升级与创新服务，智慧升级，提升人与商家的价值。比如，美味不用等的共享餐厅，消费者可以从不同的商圈预约美食，在共享餐厅享用，享受更多类型的美食。

而从合作者的层面来说，美味不用等与生态系统中的合作伙伴开放合作，生态共赢。无论是店铺、线上渠道还是服务模块的合作伙伴，都没有太多急功近利的色彩，而是共享和开放，这种思维模式也是大势所趋。

7.4.3　唤醒沉睡资源：小米拓展品类宽度，Medifast将顾客变教练

在一个生态系统的利益相关者中，存在大量的沉睡资源，如果在商业模式的创新设计中，能够唤醒、重构并充分利用这种沉睡资源，就能大大增强生态系统资源的利用率，提升整个生态系统的活力。

从传统角度来说，卖手机这一行为，无论从线上电商角度，还是线下实体店角度来说，都属于典型的低频行为。一个用户只要从店里买下一部手机后，几乎一年之内顶多会再来一次，购买新型手机。有的用户甚至会在两三年后才可能重新换一部手机。

小米总裁雷军在一开始设定商业模式的时候，就充分考虑到这个问题，他用小米之家来构建生态链，并逐步扩大小米整个生态系统产品链的品类。小米与其利益相关者团结起来，围绕消费者智能家居的需求，逐渐扩展品类的宽度，用二三十种品类组合的模式，将一个沉睡中的低频消费场景，打造成了一

个高频消费场景。

小米的商业模式充分唤醒了沉睡资源，深度挖掘了沉睡资源的潜质，将生态系统中的利益相关者打造成生态系统命运共生体。

当然，唤醒系统沉睡资源的商业模式设计不仅仅适用于小米这种较大的企业，对于一些小型公司或企业来说，如果能在商业模式设计中，充分考虑到这一点，那么，企业就会在短时间内完成从量变到质变的跳跃。

以美国一家小型的减肥食品公司Medifast为例，他们一改传统的产品销售模式，将消费者直接转变为"健身教练"，让这些健身教练通过分享自己真实的减肥经历，来获得更多客户和销售提成，扩大品牌口碑宣传力度。事实证明，这一方式是相当成功的，这种对沉睡资源的重构，要比直接找明星代言效果好得多。当利益相关者中的客户变成合作伙伴角色时，产品品牌的口碑便会实现病毒式疯传。

这家减肥食品公司就是把他们的顾客变成健身教练，健身教练通过拓展新的客户获得产品销售分成。健身教练用自身的成功减肥经验帮助新的客户减肥，在促进产品销售的同时也能带给客户更好的消费体验。Medifast正是看中了每个顾客真实的减肥成功案例比明星代言更具有感召力，通过把自己的顾客变成产品宣传和销售的合作伙伴，以病毒传播般的速度构建起销售拓展网络。

附录一

1. 商业模式设计流程

1.1 商业模式设计的五个流程

任何企业进行商业模式创新时，目的基本上有四种：满足市场上未被满足的需求；将新技术、新产品、新服务投放到市场上；通过改进商业模式来颠覆行业或市场；创造出一个全新的市场。企业可以通过五个流程来对自己的商业模式重新进行规划，即：动员准备、理解钻研、设计研究、实施执行与管理演进（见表附录1-1）：

表附录1-1 　　　　　　　　 **商业模式五个流程具体描述**

	具体描述
动员准备	为组织商业模式创新做准备。描述、分析该项目商业动机，让大家意识到需要新模式，并愿意积极探讨新模式
理解钻研	研究分析商业模式设计中需要的元素。商业模式设计团队需要针对客户、技术、环境等进行分析，收集信息，访谈专家，研究客户群，识别客户群的隐性与显性需求

续表

	具体描述
设计研究	创造并验证可行的商业模式方案，找出最优方案。将研究讨论中所获取的数据、信息、创意转化为可以被深度开发和验证的商业模式模型，并从确定的一些商业模式模型中选择最合适的模型
实施执行	实施所选择的最合适的商业模式模型
管理演进	根据市场情况，从不断试错中，监控、评估、调整、优化商业模式

1.2 商业模式五个流程的实施方法

领导者必须规划好每个流程中的具体活动项目，找到决定胜负的关键因素以及考虑到如何应对风险项，才能在团队设计并执行流程时做到有效管理（见表附录1-2）：

表附录1-2   **商业模式五个流程实施方法**

	活动安排	关键成功因素	存在风险
动员准备	确定项目目标 规划项目计划 构建项目团队 测定初步想法	合适的人 知识 发散式思维 经验 管理协调能力	过于高估预想商业模式的价值，导致思维狭隘
理解钻研	环境分析 调研类型模型案例 潜在客户研究 行业专家采访 收集创意	深度思考市场与目标看客户群 逆向思考，思维超越行业、市场与传统	思维受限或思维偏见

续表

	活动安排	关键成功因素	存在风险
设计研究	头脑风暴 创建模型 不断验证 择优而用	组织团队之间的相互协作能力 探索多种商业模型时，思维广度与深度共用 升维思考，跳出现状看问题	大胆的创意遭到压制 过于轻易相信某些看似不错的创新思路
实施执行	交流 积极参与 执行	新旧模式之间能够迅速对接 有快速迭代升级商业模式的能力 项目管理能力高	因缺乏良好的激励体制导致员工动力不足
管理演进	环境分析 评估商业模式 更新思考商业模式 调整商业模式 管理模式中的冲突	超越战略的思维 完善的商业模式管理机制	因缺乏成长型思维而受困于早期商业模式

2. 定期评估商业模式

在商业模式执行过程中，领导者有必要定期对新的商业模式进行分析，一种有效的方式是用经典的SWOT分析法来评估商业模式的具体元素。所谓SWOT分析法，即态势分析，将与研究对象密切相关的各种主要内部优势、劣势和外部的机会、威胁等，通过调查列举出来，排列成矩阵，然后用系统分析的思想对各种因素进行分析，得出具有决策性的结论。

SWOT分析法包括四个简单的大问题：第一，你的企业优势是什么；第二，你的企业劣势是什么；第三，你的企业机会有哪些；第四，你的企业存在哪些威胁。前两个问题是企业组织内部评估，后两个问题是在企业所处环境下评估企业的位置（见图附录1-1）：

图附录1-1   SWOT分析法模型

领导者可以就新启动的商业模式的每个模块进行SWOT分析。下面是商业模式领域顶级设计专家亚历山大·奥斯特瓦德的一张商业模块分析量表（见表附录1-3）：

表附录1-3   商业模块分析量表

评估价值主张
我的价值主张与客户需求相匹配（5，4，3，2，1；-1，-2，-3，-4，-5） 我的价值主张为我带来了强烈的网络效应（5，4，3，2，1；-1，-2，-3，-4，-5） 我的产品和服务是强耦合的（5，4，3，2，1；-1，-2，-3，-4，-5） 我的客户很满意（5，4，3，2，1；-1，-2，-3，-4，-5）
评估成本与收益
我们有着高利润（5，4，3，2，1；-1，-2，-3，-4，-5） 我们有预期的收入（5，4，3，2，1；-1，-2，-3，-4，-5） 我们回头客多，有经常性收入（5，4，3，2，1；-1，-2，-3，-4，-5） 我们收益多样化（5，4，3，2，1；-1，-2，-3，-4，-5） 我们指出之前就有收入进账（5，4，3，2，1；-1，-2，-3，-4，-5） 客户真正想买的就是我们所提供的（5，4，3，2，1；-1，-2，-3，-4，-5） 我们的定价抓住了客户全部的购买意愿（5，4，3，2，1；-1，-2，-3，-4，-5） 我们的成本是可以预测的（5，4，3，2，1；-1，-2，-3，-4，-5） 我们的成本结构与商业模式相匹配（5，4，3，2，1；-1，-2，-3，-4，-5） 我们运营成本效率高（5，4，3，2，1；-1，-2，-3，-4，-5） 我们获益于规模经济（5，4，3，2，1；-1，-2，-3，-4，-5）

续表

评估基础设施
我们的商业模式核心是难以被复制的（5，4，3，2，1；-1，-2，-3，-4，-5） 我们有着可预测的资源需求（5，4，3，2，1；-1，-2，-3，-4，-5） 我们在正确的时间部署了合适的资源（5，4，3，2，1；-1，-2，-3，-4，-5） 我们有效执行了关键业务（5，4，3，2，1；-1，-2，-3，-4，-5） 我们执行效率和质量都高（5，4，3，2，1；-1，-2，-3，-4，-5） 我们的自由活动与外包活动达到理想平衡状态（5，4，3，2，1；-1，-2，-3，-4，-5） 我们聚焦于战略，并且能够与伙伴友好合作（5，4，3，2，1；-1，-2，-3，-4，-5） 我们与重要合作伙伴关系融洽（5，4，3，2，1；-1，-2，-3，-4，-5）

评估客户界面
我们的客户流失率低（5，4，3，2，1；-1，-2，-3，-4，-5） 我们的客户分类容易（5，4，3，2，1；-1，-2，-3，-4，-5） 我们不断获得新客户（5，4，3，2，1；-1，-2，-3，-4，-5） 我们的渠道有效率（5，4，3，2，1；-1，-2，-3，-4，-5） 客户能轻易看清我们的渠道（5，4，3，2，1；-1，-2，-3，-4，-5） 我们的渠道已经高度整合（5，4，3，2，1；-1，-2，-3，-4，-5） 我们的客户关系强（5，4，3，2，1；-1，-2，-3，-4，-5） 客户的关系质量与客户群体匹配度高（5，4，3，2，1；-1，-2，-3，-4，-5） 客户与我们绑定了关系，切换成本高（5，4，3，2，1；-1，-2，-3，-4，-5） 我们的品牌很强大（5，4，3，2，1；-1，-2，-3，-4，-5）

你可以就上面的评估表，给公司的商业模式打出分值，发现问题。用SWOT中的威胁、机会、优势与劣势对商业模式整体进行分析。根据优势与劣势分析，找到商业模式现在所处的位置；根据机会与威胁分析，找到商业模式未来的方向。

3. 商业计划执行摘要

商业计划书，是指公司或企业为了达到项目招商融资或其他的发展目标，对项目或发展目标通过科学的调研、分析，编辑整理出一个能够展示公司、企业的商业模式、项目状况、执行策略、未来发展前景的书面文件。

一份成功的商业计划书，能够向投资者或对本公司项目感兴趣的人展示出项目的价值与发展潜力，使投资人或其他相关人员能够看清公司的商业模式、资源、商业机遇、项目风险与回报状况等。成功的商业计划书能够帮公司或企业获得VC/PE投资，获得相应的政府资金支持，获得银行贷款，实现企业并购，实现公司或企业项目的规划与长久发展。一份成功的商业计划书在策划书写时可以按照六段式的逻辑顺序来组织文字：

商业计划书流程图

一、项目简介

项目简介是整个商业计划书的"迷你版"。但是它并非是对商业计划书各个方面的精准概述。在这一部分，要注意用简要而富有逻辑性的语言概括出：

你的商业模式的创新之处；

市场规模以及潜在前景；

你的团队组合；

你的竞争优势；

如何用最短的时间实现与投资者双赢的目的；

希望达到怎样的结果。

二、团队成员

团队是VC/PE投资的对象，也是VC/PE重点关注的部分。他们想知道的是：这个团队在知识储备与经验方面如何？团队的协作能力是否有利于他们完成目标？团队的成员各自是否有成功的过往？为什么你所组建的团队是能够执行并实现你的商业模式的最佳团队？因此，在这一部分，要对以上内容进行逻辑清晰的陈述。

三、商业模式

向投资者展示出你的项目商业模式的可行性、迷人之处、创新或颠覆点。在这一部分，你可以结合图表、数据的形式来展现，使投资者得到更直观、更清晰的感知度。商业模式的逻辑顺序是：企业的愿景、使命与价值；商业模式的运作方式；价值主张与客户的需求；目标市场分析；营销计划的可行性分析；实现该商业模式所需的核心资源和业务。在这一部分，你可以用讲故事的方式来阐释商业模式，这对投资者来说更有吸引力。

四、财务分析

公司的产品什么时候能够顺利通过各种测试走向市场？公司什么时候开始有账上的收入？公司什么时候达到盈亏平衡？公司什么时候开始增长性盈利……这些问题是投资者很关心的问题。为了让投资者青睐你的公司的商业模式，你必须详细地做出财务预测，至少要做出三年或五年的财务计划。在这一部分，你需要侧重于这些方面：利润表、资产负债表、盈亏平衡分析、销售场景预测、预期利润、预期现金流、融资需求。

五、外部环境

在这一部分，你可以通过分析外部环境，阐述你的商业模式在外部环境中的关键竞争优势。外部环境主要包括四个方面：宏观经济影响；市场影响力；行业影响力；关键趋势。其中，宏观经济影响力分析包括全球市场情况、资本市场情况、大宗商品和资源情况、经济基础设施情况；市场影响力分析包括市场分类、市场需求、市场问题、成本与收入；行业影响力分析包括利益相关者分析、竞争对手分析、新进入者分析、代替品分析；关键趋势分析包括行业趋势分析、社会文化趋势分析、社会经济趋势分析、技术趋势分析。

六、实时路线与风险分析

向投资者展示实施你的商业模式所需要的成功要素，以及你会如何实施，概括实现所有子项目的步骤与方法，提供每个子项目节点的时间线。

你可以使用商业模式的SWOT分析法对各种限制因素、关键成功因素、具体风险以及应对措施进行分析，让投资者能够清楚地看出你的商业模式的风险指数。

附录二

你应该知道的50种商业模式

表附录2-1 50种商业模式

序号	商业模式名称	商业模式概述
1	联盟模式	双赢是共同的目的。公司通过支持帮助其他公司销售产品，在没有附加销售量和营销活动的情况下，获得客户基础。联盟营销的发展是在20世纪90年代。以当时的亚马逊为例，它当时推行网站合作者项目，通过"基于互联网的客户推荐系统"，全世界的人都可以向他们的读者推荐书籍。这种模式大大提高了销售量，达到了双赢的目的
2	附加模式	对附加产品收取额外费用。在这种商业模式里，核心产品报价可能具备一定的竞争性，但额外收费较高，导致整体价格上升。一些航空公司的飞机票售价较低，但是这些公司却通过额外的项目收费，诸如餐饮费、旅行保险费、超重行李费等
3	竞卖模式	基于参与性定价的模式。在这种模式下，商品的价格不仅仅由卖主和市场决定，购买者对商品的影响力也很大，并决定了最终的价格。以eBay网站为例，世界范围的个人和企业都可以通过这个网站销售更多种类的物品和服务。卖主在网站上的相关页面，描述其想要卖掉的产品，然后感兴趣的买主就可以通过竞价方式实施购买行为

序号	商业模式名称	商业模式概述
4	物物交换模式	这种交易方式单纯建立在商品或服务上，是用一种商品换取另一种商品的古老模式。比如，加拿大一名换客，以一枚大曲别针为资本，经过16次物物交换，最终换得一幢别墅一年的使用权
5	合气道模式	化竞争对手的优势为劣势。合气道本来是日本的一种武术名称，其精髓在于顺应对手攻击动作，将对方的力量引导至无威胁的方向，甚至吸收化为自己的力量而反击。 英国的一个化妆品牌"The Body Shop"提倡节简环保的"3R原则"：再回收、再利用、再填充。回收可重复使用的瓶子，每种商品都以5种容量分装，顾客购买的选择性更大。这些做法自然而然吸引了一批环保的粉丝
6	交叉销售模式	这种模式以寻求并稳定客户关系，销售更多产品为目的，利用现有资源能力，为客户提供互补性产品与服务，达到一箭双雕的营销效果。壳牌公司利用其加油站网络销售与其石油业务不相关的一些产品，诸如食品、杂货、日用品等
7	众筹模式	这种模式是由发起人、跟投人、平台构成。具有低门槛、多样性，通过群众募资，以支持发起的个人或组织的行为。以众筹咖啡馆3W咖啡为例，这家互联网咖啡公司就是通过向社会公众进行资金募集的方式，聚集投资人、创业者、高管，还因此引爆了众筹模式，使众筹模式从此盛行
8	众包模式	将公司里特定的任务外包给外部行为者的做法。宝洁公司有一个巨大的外来合作伙伴网络，包括9000个研究员与全世界超过150万名科学家。该"连接+开发"新方案，使得宝洁公司研发部门的生产率5年之内提升60%

续表

序号	商业模式名称	商业模式概述
9	取款机模式	利用负运营资本赚取利润。这种模式的公司相当于一个银行家，是开票人与收款人之间的中介，赚取负现金转换周期里所带来的收益。亚马逊完成一个负现金转换周期的时间是14天。它主要通过保证库存货物周转率，以及通过与供应商进行议价获得更加优越的支付条款来实现
10	客户忠诚度模式	通过给予客户优惠或折扣等手段培养客户的忠诚度，绑定客户，与客户发展长期关系，保证公司收益增长。美国航空公司通过机票预订系统Sabre所提供的客户大数据，找到"飞行常客"，并为这个群体提供常旅客计划方案，这样，他们每人就可以用一个记录本累计他们的飞行里程，获得的点数越多，享受到的福利、优惠机会就越多
11	直销模式	公司产品跳过中间商，直接由制造商或服务提供商出售。这种模式下，公司零售利润边际费用以及其他成本会减少或消除，而节约额能够使公司和客户两方面收益。安利集团是直销模式的典型代表，安利集团通过相关子公司和个人构成全球销售网络，将产品卖给消费者
12	数字化模式	把实际产品或服务转化为数字变量，为客户提供线上产品或服务。一些教育机构通过在线方式为客户提供在线教育课程。这些"在线学习"课程给远距离的或者做兼职的客户提供了很大的灵活性，同时，也为一些不愿意去实体机构学习的客户提供了很大的便利性
13	电子商务模式	传统的商品以及服务通过在线渠道进行销售、支付。这种模式消除了与运营实体设施相关的费用，客户和公司双方都会受益。公司可以通过在线的方式实现产品和服务的搜索、销售，减少了中间商、零售卖场、广告等费用。而客户则通过在线搜索的方式，可以减少时间消耗，获得较高性价比的产品。在互联网时代，很多公司都是采取这种方式运作的，诸如亚马逊、淘宝、京东等

序号	商业模式名称	商业模式概述
14	统一收费模式	客户只需要一次性消费购买某产品或服务，就能多次长期使用。也就是说，客户可以在完全控制其花费的情况下，进行无限制的消费体验。位于拉斯维加斯的Buckaroo Buffet餐馆，是第一家使用"吃到饱"理念的餐厅。客户支付一定价格的费用，就可以想吃多少就吃多少，而不用管实际消费情况
15	分式产权模式	客户只需要支付总价的一部分，就能购买一项资产或产品的一部分而并非全部。这种方式使客户能够购买他们本来负担不起或者觉得难以承受的产品或服务。分式产权模式通常是以团体的形式实施，每一位买家按照所有权比例获得自己应得的产品或服务使用权限，另外，这种模式多需要一家第三方公司进行财产和规则方面的管理、维护、监督。瑞士的移动汽车共享公司是第一家在汽车行业使用这种商业模式的公司，它在全国范围内提供自助服务站，以及全天候的短期汽车租赁服务。会员客户支付一定的费用，不用承担直接购买的义务和费用，公司通过持续的会员租赁费用来盈利
16	体验销售模式	公司通过为客户提供额外的体验，使得产品或服务更有吸引力，价值获得提升。比如理查特巧克力，非常注重感官营销，巧克力在精致的珠宝展厅销售，包装非常的优雅，巧克力盒子是有光泽的白色，附着金色与银色的浮雕字。盒子里的每一块巧克力都有漂亮的形状、色彩，像艺术品般摆放在盒子中。理查特巧克力还可以根据顾客的要求制造特别的巧克力徽章
17	特许经营权模式	特营授权者向受权者销售使用他们商业模式的权利。这种商业模式使得公司在不需要集合优势资源或者承担风险的情况下，获得迅速扩大规模的机会。麦当劳最初采取的就是特许经营权模式，销售代表雷·克拉克通过说服麦当劳两兄弟允许他在全国范围内扩张他们的餐馆，从而使麦当劳成为一个典型的全球快餐品牌

续表

序号	商业模式名称	商业模式概述
18	从推动到拉动模式	在这种模式中，"以客户为中心"是公司决策的核心。公司的产品开发、生产、物流配送等都是围绕这一核心来进行的。丰产公司生产系统是以客户需求为导向的，按照客户需求补充货源以使得全球库存最小化
19	免费增值模式	公司向客户提供免费的基本版本产品与服务，而高级版本的产品或服务需要付费才可以。在这种模式中，可以通过免费的方式高效获得用户，在此基础上提供高级增值产品或服务就更加容易。微软的Hotmail会为其用户提供一个免费账号，满足其基本需求。当然，如果用户有更高的需求，就可以付费获取一些额外的高级功能
20	隐性收入模式	这种模式中，公司利润来源并不完全依靠产品或销售服务，很大程度上来源于第三方，通过第三方投资免费或低价产品而从中获得用户。这种模式最典型的做法就是，将第三方的广告整合到产品或服务中，通过为第三方吸引客户赚取利润。这种模式被互联网公司广泛使用。比如，优酷、土豆、腾讯视频看视频前无法跳过的广告页，百度搜索排在前面的广告页，视频观看过程中出现的广告页，等等。互联网让广告变得无处不在，免费模式更是让用户慢慢习惯了广告的存在
21	一体化模式	公司控制供应链的大部分或全部，包括设计、生产、销售等各个环节都亲力亲为。这种模式能够改善公司的规模，提升效率。跨国石油天然气公司埃克森美孚就是典型的高度垂直一体化的价值链，包括石油生产、加工和精炼等
22	零件品牌化模式	公司可以将其中一个产品或产品零件进行品牌化，但是这部分产品或零件却不能单独购买，属于品牌内的品牌。一些汽车制造商使用高质量与高知名度的博士高零件制造汽车，他们还利用博士高的知名度来推销汽车。而博士高不需要进入汽车制造领域，单凭其出色的零件就能在汽车制造领域盈利

序号	商业模式名称	商业模式概述
23	单层面企业模式	实施这种模式的公司有自己特有的专业优势，能够从专业化技术中获益，甚至影响行业发展标准。印度著名的IT公司威普罗科技公司，专门从事IT外包和相关咨询服务，核心业务是为产业客户提供定制化的IT解决方案。专业优势为他们带来行业中举足轻重的地位
24	客户数据杠杆化模式	很多数据收集公司就是采用的这种模式，他们受益于当今科技进步，通过数据采集和处理来满足市场上巨大的需求空间。亚马逊发现，吸引一个新的顾客所花费的成本要比留住一个老顾客所需的投资高5倍。因此，亚马逊利用销售数据判断产品间的关系，并预测随后会出现哪种购买结果。亚马逊靠着大数据精确地衡量客户的未来购买行为，稳固了客户关系
25	锁定模式	在这种模式中，企业会用高转换成本来套牢客户，加强其忠诚度。客户如果中途更换供应商，就会导致客户付出较大的成本或形成违约局面。吉列剃须刀是第一批成功运用套牢模式的公司之一，根据这个系统的原理，只有吉列的一次性刀片才能与手柄配合，顾客不得不去购买吉列品牌的刀片来匹配剃须刀
26	长尾模式	长尾模式关注的是小众产品，这种模式偏重"积少成多的小额收入"，大众和小众在利润上是同等体量的，甚至小众产品比大众产品带来的利润还要多。Google就是一家典型的长尾模式公司，其成长历程就是把广告商和出版商的长尾商业化的过程。Google为数以百万计的小企业和个人打广告，广告不再高不可攀，它是自助、价廉、谁都可以做的。数以百万计的中小企业和个人代表了一个巨大的长尾广告市场，这条长尾能有多长，很难预知
27	大规模客户定制模式	公司按照客户需求完成产品的定制化、个性化，同时，还要与传统的大规模生产一样保持生产的高效率。在20世纪90年代，李维斯牛仔裤大胆使用了这种模式，牛仔裤被完美地定制以适应个体的需求，因此就产生了上千种合适的组合选择。销售员测量顾客的裤子码数，然后将这些测量数据连同预期的款式和颜色等信息发送给李维斯的工厂，产品会在生产线上单独地制造，并在几周内送往指定店铺

续表

序号	商业模式名称	商业模式概述
28	经济型模式	为了获得更多对价格敏感的目标受众，企业的产品通过提升性价比，以低价模式推行。由于受众基数大，利润仍旧可观。小米在推出小米手机时，为了获取广泛的粉丝基础，每部手机接近成本价，甚至每部手机只赚取一元钱。小米以这种方式，迅速在智能手机市场站稳了脚跟
29	开源创新模式	源代码是公开的，因此任何人都可以加入团队，贡献自己的专业知识。最终的解决方案以及成果并不单独属于某个公司，而是属于所有参与者。维基百科是此种商业模式的典型代表，维基百科包含世界上互联网用户著作的文章，并且一直在被编辑和改善。现在，它已经成为世界上最常用的资料参考平台。维基百科的使用是免费的，公司主要通过接受捐赠获得资金来经营并盈利
30	协调者模式	指挥价值链是协调模式企业的核心能力。对于不属于价值链领域范围内的活动，会外包给专业的服务供应商。耐克曾在CEO菲尔奈特的领导下，向低薪水的国家例如印尼、中国、泰国以及越南等国外包产品的生产过程，而在公司总部，业务核心放在研发、产品设计以及营销策划等方面
31	按需付费模式	企业产品或服务是用户基于自身有效利用率来支付服务费用，用户可以按照数量或使用持续时间等方式进行不同的支付。腾讯云服务器就采取按需付费的模式。一种是包年包月，一次性预付数月或数年费用，适合稳定场景。另一种是按量付费，这种付费方式多用于压力测试、环境测试、教学实验等场景。此外，腾讯云的按需付费还提出，可以根据用户需求定制不同的服务类型

序号	商业模式名称	商业模式概述
32	随意付模式	商家给客户提供价格底线或价格参考的建议，在这个前提下，客户决定价格。这种模式可以很大程度构建广泛的客户基础。这种模式适用于低边际成本的竞争市场。Humble Bundle网站为用户提供诸如视频游戏、电子书以及音乐等下载资源的分类信息，客户决定支付价格。该网站内设立了大量的激励措施，超出平均价格支付的用户可以获得奖励媒体文件，而最大的贡献者将会被列在网站上。这种模式调动了用户的参与意识，使网站利润持续不断
33	P2P模式	P2P一般用来代表私人之间的交易，比如，企业与企业之间或企业与客户之间的借贷，企业与客户之间互相提供或共享特定的服务、产品、信息等。eBay网站是P2P模式的先驱之一，它让超过30个国家的人们能够有机会竞卖自己闲置不用的物品
34	剃须刀与刀片模式	企业将基本产品低于成本价甚至是免费提供给客户，但是客户需要使用基本产品的附加产品，而附加产品的利润率是很高的。世界500强之一的瑞典利乐公司，主要销售包装材料、饮料的加工设备和灌装设备。利乐在进入中国之初，由于设备昂贵，超出了一些中国企业的购买力范围，并且随着同类产品进入中国市场，其产品优势并不明显。后来利乐针对这种情况，使用了剃须刀与刀片模式，客户只需要支付20%的设备款就能安装设备，前提是需要4年连续订购利乐的包装材料，这种捆绑销售模式给利乐带来了丰厚的利润
35	逆向工程模式	通过分析某些爆品或竞争对手的产品，从中获得有益信息，在此基础上，发展相似的或并立的产品。由于这种产品在研发过程中投资较少，因此，在同类产品中占据一定的价格优势。华晨中国汽车公司是这一模式的典型代表，它最初以合资企业为宝马生产汽车，然后又开始生产自己的汽车。他们的设计很明显是受到以往合作者的启发。在这种商业模式下，他们投入研发的费用极低，可以以非常有竞争力和吸引力的价格出售他们的汽车

续表

序号	商业模式名称	商业模式概述
36	租赁模式	这是一种租赁代替购买的模式，消费者为临时使用权买单。对于消费者来说，他们必须要为直接购买支付初始的采购成本，这使他们能够得到以往难以购买的产品。而对于商家来说，这种模式会带来更多潜在的客户。美国的一家宠物产品供应商FlexPetz公司，为人们提供短期租赁狗狗的机会，而不用承担物主的花费和责任。当然，为了保证宠物的权益，用户是经过严格筛选的。依靠这种商业模式，用户只需要支付一定费用就能和宠物共度一段美好时光，公司也因此获得了可持续发展的利润
37	利润共享模式	这种模式下，个人、公司或团体以双赢的共生关系为基础，通力协作，共享利润。苹果的iTunes商店就是这种模式，乐队、艺术家或者唱片公司可以上传自己的音乐，苹果和乐队、唱片公司等以2∶1的比例分享每一次下载产生的利润额
38	自助服务模式	在这种模式中，产品或服务所创造的价值，一部分被转移到用户，以此换取较低的价格。商店自助服务是在这样的情形中发展起来的。早期，商店的一些顾客由于没有耐心，开始自己到商店的货架上去拿物品。随着时间的推移，自助服务商店也开始变成一种常见的现象
39	逆向创新模式	学习出色的解决方案，充分利用大量成熟技术，模仿经典产品或工艺进行创新。如罗宾汉式商业模式：这种商业模式是典型的劫富济贫思维，即将产品或服务以高价卖给富人，以低价卖给穷人。诺基亚早期的机型1110手机的客户群就是印度偏僻地区，它取消了一切高价的特征元素，如手电筒、闹钟和防滑控制。在印度市场成功后，诺基亚1110在工业化国家也变得非常流行，吸引了大批用户群

序号	商业模式名称	商业模式概述
40	店中店模式	零售商或服务提供商在其他公司的零售市场区域范围内建立独立的商店。在这种综合体商业模式中，店家通常自己选择经营产品的范围，设计销售空间，制定品牌推广策略。这种商业模式在一些超市或商场中非常普遍。比如一些开在商场或超市里的专卖店，在布置方面有自己的风格和独特的文化氛围，在形式和管理方面比商店内其他柜台自由一些，但又不是像单门独户那样不受约束。这些店中店可能不会参与商场或超市的优惠活动，当然它们可以自主不定期举办活动
41	订购模式	企业为了使客户定期收到产品或服务，会与客户之间签订合同，规定服务的频率和年限。客户通常在每个月、每个季度或每年来进行定期支付。这种方式节省了客户们的时间与金钱，并且订阅的价值通常会比购买同类产品或服务要优惠得多。瑞士Blacksocks公司就采用这种模式，客户的衬衫、内衣等都可通过订购模式来选择，还会在指定的月份收到公司寄送的袜子作为定期支付的回报
42	方案供应商模式	在特定区域内，供应商以合并成单一来源的方式提供产品和服务。德国的3M公司是典型的方案供应商。该公司提供来自单一来源的产品相关服务，而其服务通常集中在产品类别的创新性和广泛性方面，并通过来自合作伙伴的服务加以补充。3M公司也通过这种方式逐渐扩展服务范围，开拓新市场
43	超市模式	在超级市场的商业模式里，公司销售种类繁多的产品。这些产品可以满足大量用户不同的需求。这种模式里，产品通常会以保持低价的方式来吸引客户。沃尔玛、大润发、家乐福等都是典型的超市模式企业。这些企业普遍场地较大，产品数量、品种多，满足了不同人群的各种需求

续表

序号	商业模式名称	商业模式概述
44	以穷人为目标的商业模式	在这种商业模式里，企业会将目标客户群锁定为处于收入金字塔底层的消费者。尽管这些消费者购买力低，但人口基数大，因此具有巨大的消费潜力。20世纪90年代，联合利华在印度子公司印度斯坦联合利华研发出一种专门为印度市场开发的洗衣清洁剂，含有低油-水的比例，适合于在河流手洗织物，使印度大众受益。这家公司还在当地的一些小店销售产品。这一模式使得印度斯坦联合利华大大提升了销售额
45	极致奢侈模式	在这种模式下，企业的目标客户群为财富金字塔顶端的人。使用这种模式的企业为了满足这种特定客户群的需求，会通过最好的质量与服务来使他们的产品出类拔萃。跨国银行富国银行旗下品牌Abbot Downing，专门为资产超过5000万美元的个人及家庭高净值人群提供金融服务业务，诸如家族迭代资产规划、财富教育、信托管理、风险评估、税务支出支持以及遗产计划等。较小的客户群体为该公司带来巨大的盈利空间
46	垃圾变现模式	这种垃圾变现金的商业模式建立在回收与重用旧材料的基础上。收集过的产品通过直接销售或加工转化成新产品的形式来进行二次销售。瑞士的一家公司Freitag实验室是这种模式的早期代表，这家公司使用一系列旧材料，比如从旧车上取下来的旧帆布、内胎、安全气囊等，制造成塑料袋或者其他的配件。这种方式吸引了大批具有生态意识的客户群
47	双边市场模式	这种模式是双方企业的市场促进了两个互补领域之间的互动，通过媒介和平台激发间接网络效应，实现互惠互利。最为典型的是，求职者和招聘者通过招聘网站进行连接，用户和广告商通过搜索引擎进行连接。地铁免费报纸《信报》，在上班高峰期免费提供给乘客，该报纸吸引了大批读者群，并创立了一个双边市场，开启盈利模式

序号	商业模式名称	商业模式概述
48	白标模式	在这种模式里，产品生产出来后并没有制定特定的名称，而是被不同公司冠以不同的名字在不同的市场进行销售。中国台湾富士康可以说是白标模式的创新者，它为很多大牌制作组装配件。很多知名大品牌，诸如苹果、戴尔等都是其稳定的客户资源
49	开放式创新模式	这种模式是对传统企业经营模式的创新，开放代表着将外部的合作伙伴囊括进常规的闭合价值创造流程中，甚至包括研发。企业以此来推动协作，创造价值。这是企业经营逻辑的改变与创新。华为从1997年起，掌握了当时先进的3G技术，在瑞典、美国和俄罗斯成立无线研究所，招聘欧美和俄罗斯无线专家组成国际化开发团队，研究高性能、高可靠性的3G设备。华为以本部的价值链开放实验室和体验中心为核心，通过技术互利的合作方式聚合了众多的运营商、业务提供商和终端供应商，并最终形成联盟
50	用户设计模式	用户作为产品或服务的设计者，参与企业的产品设计、开发与消费过程。新西兰的一家创业公司Ponoko，允许客户按照准确的描述创造各种各样的产品，包括珠宝、家具，甚至是厨房用具。客户设计的这些产品可同时在其网上商城中销售。这家公司实施的分布式制造和按需生产系统，大大压缩了生产与销售的成本，使公司与参与者双方都获得更多利益

参考文献

[1][美]萨提亚·纳德拉.刷新：重新发现商业与未来.北京：中信出版社，2018

[2][美]简·奇普蔡斯，西蒙·斯坦哈特.大卖点：如何创造颠覆未来的非凡产品和商业模式.成都：四川人民出版社，2015

[3][美]乔纳·伯杰.疯传：让你的产品、思想、行为像病毒一样入侵.北京：电子工业出版社，2014

[4]黎万强.参与感：小米口碑营销内部手册.北京：中信出版社，2014

[5][美]克莱顿·克里斯坦森.创新者的窘境.北京：中信出版社，2018

[6][瑞士]亚历山大·奥斯特瓦德.商业模式新生代.北京：机械工业出版社，2017

[7][美]杰克·特劳特.什么是战略.北京：机械工业出版社，2017

[8]郑翔洲，叶浩.资本与商业模式顶层设计.北京：电子工业出版社，2014

[9]魏炜，张振广，朱武祥.超越战略：商业模式视角下的竞争优势构建.北京：机械工业出版社，2017

[10][美]斯坦利·麦克里斯特尔.赋能：打造应对不确定性的敏捷团队.北京：中信出版社，2017